ABREGE DE LA VIE
ET MIRACLES
DE S. GAVDE
EVESQVE D'EVREVX,
DECEDE' DANS LE DIOCESE
de Constances en Normandie.

AVEC LE SOMMAIRE DE CE
qui s'est passé à la Translation de son Corps
miraculeux, & de quelques miracles.

Par Permission de Monseigneur l'Illustrissime & reuerendissime Euesque dudit Constances

A SAINT-LO

Chez la Vefue de Iean Pien Imprimeur Libraire.

CATECHISME

Apocal. 13.10.

Voicy la patience de la Foy du Saint.

Saint Paul aux Heb. 13. 17.

Mettez-vous deuant les yeux vos Prelats, qui vous ont annoncé la Parole de Dieu, afin que considerans l'yssuë de leur conduite, vous imittez leur Foy.

S. Aug. lib. 2. contre Iulian.

Ce sont là nos Euesques & nos Pasteurs, Doctes, Graues, Saints, Courageux, Deffenseurs de la verité Catholique, qui l'ont distribuée en laict aux infirmes & viande solide aux forts. Ce sont eux apres les Apostres qui l'ont plantée, arrousée, edifiée, construite, asseurée & fais croistre en l'estat que nous la voyons.

ABREGE' DE LA VIE ET
MIRACLES DE
S GAVD
EVESQVE D'EVREVX,
DECEDE DANS LE DIOCESE
DE CONSTANCES

AINT GAVDE estoit
Normand, nay à Evreux,
de parés Chrestiens: mais
cachez pour la crainte des
Payens, qui avoient rétably, les Idoles & les temples des faux-Dieux que
les Prédications & les Miracles de
S. Taurin premier Evesque & Apostre du païs avoient abbatus. Il étoit
descedu de la race de ceux qui avoiet
crû à l'Evangile, & qui sçavoient
le lieu où ce grand Prélat avoit esté

enterré, que les Chrestiens tenoient
caché creinte que les Infideles ne le
sacrifiassent à leur fureur.

Saint Gaude alloit souuent faire
ses prieres a ce miraculeux Tombeau,
& demandoit avec instance au grand
Maistre de la Moisson qu'il luy pleût
bien-tost envoyer quel qu'autre bon
ouurier dans sa vigne qui estoit demeurée en friche. Il ne songeoit pas
qu'il devoit estre le Phenix qui re-
naistroit de ses cendres sacrées. C'est
le lieu où la belle Abbaye de S. Taurin a depuis esté bastie au mesme en
droit dans le Faux bourg de la Ville,
qui fut monstré miraculeusement par
vne Colomne rayonnante à S. Lau-
dulphe Evesque d'Evreux qui succe-
da à S. Gaude apres Maurufe, Lici-
nius & Viateur.

On dit que pendant la couvée des

Alcyons qui font leur nid sur les flots
de la Mer, les orages cessans & que
c'est le temps de la bonace. Mais S.
Gaude fut vn Alcyon de l'Eglise qui
se forma sur la Mer orageuse malgré
les tempestes des persecutions, & au
contraire on n'a veu la bonace dans
son païs que lors qu'il a esté esleué &
commencé de voler par tout le Diocese d'Evreux sur les aisles de la Foy.
Il n'y avoit eu que des orages, & le
Soleil de Iustice n'y avoit point fait
voir ses rayons pendant plusieurs années, c'est luy qui la fait reluire à sa
Patrie.

Dieu irrité avoit frapé le Pasteur,
& les ouailles s'estoient dispersées. Il
n'y avoit plus dans la contrée ny
Prestre, ny Evesque, ny Eglise, ny
Religion. Estre Chrestien, s'estoit
estre criminel. Le Sacerdoce de Ie-

sus Christ estoit l'opprobre & le scan-
dale des peuple, l'Episcopat & le
Martyre n'estoient qu'vne mesme
chose.

Le Ieune Gaud toutes fois a l'e-
xemple de ses parens iustes & crei-
gnãs le vray Dieu ne flechissoit point
le genoüil à Belial, croissoit tous les
iours en âge & en sagesse, meprisoit
les ieux, s'instruisoit dans nos mysteres & dans la science des Saints,
& en recevoit les infusions auec celles
de la grace bien plus en sa priere & en
son petit Oratoire caché, que dans
son estude il demandoit souvent au
bon Dieu qu'il luy pleust accorder
la faveur de porter son ioug dés son
adolescence, & quand il seroit dans
vne âge plus advancée, le flambeau
de la vraye Foy par tout, Il s'offroit
de se charger de sa Croix. Il envioit

d'vne sainte jalousie ce bon heur aux Apostres & aux Martyrs, & sur tout celuy de S. Pierre & de S. André, qui auoient esté crucifiez aussi bien que leur Maistre : & disoit souvent dans l'ardeur de son Oraison devant son Crucifix, ne seray-ie jamais attaché à cette Croix auec Iesus-Christ : & pour l'estre bien tost, ne seray-ie point du nombre de ceux qui sont choisis pour porter le Nom de Dieu aux Gentils, aux Roys, aux enfans d'Israël, & au moins à ma Patrie.

Aussi fut-il appellé du Ciel à l'Estat Ecclesiastique, & par consequent à l'Office de la Predication. Mais comme il n'y auoit point de Prélat à Evreux pour luy communiquer les celestes Onctions des saints Ordres, il se rendit à Roüen pour entendre les divines Leçons que son Archevesque

faiſoit à ſes Cleres & à ceux qui de-
voient eſtre initiez aux ſacrez My-
ſteres, afin qu'ayant paſſé avec eux
par l'épreuue & la coupelle (l'Eccleſiaſtique devant eſtre cét or de l'Eſ-
criture parfaictement épuré & épreu-
ué iuſqu'à ſept fois) il peut receuoir
quelque iour les divines impoſitions
de ſes mains.

Germain eſtoit pour lors aſſis ſur la
Chaire Metropolitaine de Roüen
auec grande eſtime de ſçauoir & de
pieté. Il aſſiſta meſme au Concile
premiers de Tours en l'année 461. Il
receut le ieune Gaude qui auoit pour
lors environ vingt an, auec grande
affabilité, il reconneut dans ſa mo-
deſtie & ſon humilité quelque choſe
de l'eſprit Eccleſiaſtique, le mit dans
ſon Seminaire, où le nombre des Ordinans eſtoit petit à la verité, mais

c'étoit vne troupe choisie, & quoy qu'il y eust peu d'ouuriers en ce teps on n'imposoit pas les mains à la haste, il n'y auoit point de ces empressez qui s'appellent dans nos iours a etati.

Gaude passa dont par tous les degrez & les interstices, & apres auoir donné des espreuues de sa pieté, de sa science, & sur tout du zele de la Maison de Dieu qui le devoroit. Ce zele n'est autre chose que l'amour sublime de Dieu ou vue charité parfaite, enquoy consiste le vray esprit Episcopal. Il fut iugé digne d'estre le legitime Successeur de S. Taurin, & de remplir sa Chaire Episcopale d'Eureux, que la crainte des persecutions auoit tenuë vuide si long-temps. Et fut sacré auec vne sainte violence Euesque de ce lieu par le mesme Archevesque de Roüen, par Ereptiole

Evesque de Constances , & Sigibol-
de Evesque de Saiz les suffragans, qui
ont esté grands Saints comme
Saint Gaud.

Il partit aussi-tost de Roüen & s'en
vint à Evreux , & y fist son Entrée,
n'ayant que Dieu & les Anges pour
spectateurs & quelque peu de Chrestiens obscurs ravis d'avoir vn si saint
si sage & si genereux Compatriote
pour Pasteur.

Il y salüa d'abord le S. Ange Tutelaire du Diocese , & puis apres avoir
rendu les hommages au Sepulchre de
S. Taurin & demandé à Dieu son
double Esprit ; Il commença le grand
Ouvrage de son Episcopat , que S.
Paul appelle vn bon Ouvrage : mais
plûtost il continua l'Ouvrage de la
Predication & du salut des hommes
que l'Evesque des Evesques Iesus-

Chrift avoit commencé fur la terre.

Alteré de ce falut & animé du zele de l'Epifcopat, dont le feu divin venoit d'eftre allumé par l'effufion des facrées huiles embaulmée, & qui augmenta toûjours ; Il entreprinft avec courage la deftruction de l'Empire de fathan, qui avoit érigé fes trophées fur les ruines du Chriftianifme eftably par S. Taurin.

Il refifte en face aux Preftres des fauffes Divinitez, que l'intereft engageoit dans l'erreur. Il attaque les Magiftrats payens, qu'vne mal-heureufe politique obligeoit à la defence des fuperftitiós d'vne vaine Religion. Il prefche par tout hardiment Iefus-Chrift Crucifié, la fainteté de fa vie prefche encore pour luy, & les miracles confirme les veritez qu'il advance. En peu de temps plufieurs fecon-

vertirent. Les brebis cachées du petit troupeau du vray Dieu se descou-
vrirent les dispersées se rallierent sous
l'Estandart de la Croix qu'il arboroit
par tout sans creinte & les espouven-
tées, s'asseurerent & vindre à luy.

Ainsi bien-tost avec les secours extraordinaires du Ciel, il forma vne
Eglise, c'est à dire vne assemblée de
Fideles de l'vn & d'autre sexe, & de
l'Estat Ecclesiastique & Laïque.
Dieu luy donnoit des graces gratui-
tes en abondance, & sur tout le don
des Prop heties, c'est à dire de l'inter-
pretation des Escritures, le don de
guerir les malades & les possedez du
malin esprit qui estoit lors dans son
regne. Combien de prodiges & de
miracles ne luy fallut il pas faire
pour persuader les veritez Chrestien-
nes aux prudens du siecle, & à des

peuples aueuglez par les erreurs de
leur Idolatrie, & flatez par les in-
fames licences d'vne Religion qui ne
defendoit que la vertu : car tous,
comme dit S. Paul apres Isaïe, ne
croyent & n'obeissent pas à l'Euagile.

Tout resistoit à S. Gaude, les Prestres des Idoles, dont il abbatoit les
temples, les demons deschaïnez par
tout, qui se voyoient chassez par ce
nouueau Apostres des corps des possedez & de la prouince, où ils se faisoient adorer, les Magistrats ausquels
il falloit entendre que vn Dieu ven-
geur des veufues, des Orphelins &
des indefendus iugeroit mesme vn
iour les iustices qu'ils pensoient auoir
faites les riches, ausquels il refusoit
le Baptesme, s'il ne promettoient de
ne plus opprimer les pauures, & de
leur restituer les biens qu'ils leur

avoient ravis. Il crie contre l'idolatrie, contre la pluralité des femmes, contre les incestes contre tous les crimes des payens qui font horreur : en vn mot il presche vne Religion sainte, qui n'a ny ride ny tâche aucune, qui defend tous les vices de la Morale & ne permet pas la moindre imperfection. Ne vous étonnez donc pas si tous ne creurent & n'obeïrent point à l'Evangile. Et ce fut le plus grand miracle de St. Gaud d'auoir conuerty ce vaste païs & cet ample Diocese, qui étoit retourné à son vomissement apres la mort de son premier Apostre Saint Taurin.

Il fit des loix contre la Poligamie, contre les nopces incestueuses entre les proches parens, pour le Celibat des ecclesiastiques, Pour leur detachement des choses terrestres, pour

le vray Culte divin. Il persuada mesme les conseils Evangeliques. Il con.
sacra des Vierges à Dieu, & le veu de
leur virginité qu'il auoit receu entre
ses mains, luy attira la haine des plus
puissans qui les recherchoient en ma-
riage, & se virent par ce moyen fru-
strez de leurs esperances : mais aussi
plusieurs d'entre eux se convertirent,
voyans la constance & la vertu de ces
filles, qui donnoient vne juste prefe-
rence à leur celeste espoux, & ani-
mez sur tout par la parole de Dieu,
qui sortoit de la bouche de S. Gaud,
les vns se retirerent dans des hermita
ges & des solitudes, pour ne viure plus
qu'à Dieu, les autres embrasserent la
profession des ecclesiastiques.

Et ce fut ceux-là qu'il s'efforça sur
tout de former, c'estoient ses vrais
enfans qu'il engendroit pour la se-

conde fois à Iesus-Christ, Illes avoit
fait renaistre par le Baptesme, & leur
avoir dóné vne nouuelle vie en Dieu;
mais il le faisoit encore reviure d'vne
autre vie retirée des affections du siecle, & toute parfaite dans l'imitation
de celle du veritable Melchisedech
premier Prestre du nouueau Testa-
ment. Sa Maison servoit de Seminaire aux Ordinans, de retraite aux affligez, d'Hospital aux pelerins &
d'Hostel Dieu aux malades qu'il gue-
rissoit souvent par ses saints sacrifices.

Ce fut lors qu'il commença de rebastir les temples au vray Dieu, que
la rage des demons avoir fait ab-
batre pendant la longue vacance de
ce Siege; & sur tout celuy qui a donné les premiers fondement à cette
magnifique Eglise Cathedrale, qu'il
dedia encore à la Sainte Vierge hono-
rée

rée en ce lieu par Saint Taurin qui
l'avoit prise pour Patronne de la Ville
& de son Diocese.

Les Portiers, les Lecteurs, les Exorcistes & les Acolytes y faisoient re-
glément leurs fonctions, les Portiers
en chassoient les impies, les Gentils &
les excommuniez, les Lecteurs y faisoient la lecture des saints Livres &
des Propheties avec devotions & in-
telligence. Les Exorcistes chassoient
au porche les diables des corps des
possedez, tant des baptisez que des
Cathecumenes avec les sacrées paroles des exorcismes, car il est vray que
comme les miracle pour les bons
estoient lors plus frequens, aussi les
punitions & les possessions pour les
méchans estoient plus ordinaires.
Les Acolytes comme de jeunes Na-
zarrens ne partoient point presque

B

du Temple & du pied des Autels, es-
clairans encore plus cette Eglise naissante par leurs vertus & leurs belles
mœurs, que par les lumieres qu'ils
portoient en leurs mains dans les
Saints Mysteres.

Chacun s'empressoit de s'acquiter
dignement de son divin ministere à
l'exemple d'vn si S. Prélat, pour ne
pas negliger la grace qu'ils avoient
receuë de l'imposition de ses mains,
les Soubdiacres surtout estoient cha-
stes, sobres, assidus & diligens au service divin & metoient volontiers en
pratique les sainctes instructions des
Epistres qu'ils chantoient à l'Eglise,
Les Diacres ne se contentoient pas de
chanter l'Evangile, il la prechoient
par tout, encore plus d'exemple que
de parole, sans negliger mesme le
soin des veufves & des orphelins,

l'imation des autres Dioceses de la primitiue Eglise & de leur Euesque.

Mais que de saincteté dãs les Prestres à l'exemple du grand Prestre & de leur Pontife, et par vne suite neces-saire que de pieté & de deuotion dãs le peuple, puis qu'il est escrit que tels que sont les Prestres, tels sont les peuples. Tout le Diocese d'Evreux étoit vne race choisie, vne Nation saincte, vn peuple d'acquisition & vn Sacer-doce tout Royal. Les Chrestiens estoient des fideles de nom & d'effet c'est à dire Religieux observateurs des Commandemens de Dieu & de son Eglise. Ils perseueroient sans ces-se dans la doctrine des Apostres dans les Oraisons, les Synaxes & les Com-muniós ils n'estoient pas des sepmái-nes entieres sans prier Dieu, & ne se contentoient d'entendre vne Messe

baffe à la hafte , fans affifter aux in-
ftructions & fe rendre participans des
divins myfteres.

Les yvrongneries, les impuretez les
meurtres, les violences , les juremés,
les parjures, les iniuftices, les médi-
fances regnoient dans les Payens , &
non pas dans le troupeau de S. Gaud
fes ouäilles fortunées faintes comme
luy, creignoient trop que le fcandale
de leurs fautes & de leurs imperfe-
ãions ne fift blafphemer le nom de
Dieu que leur bon Pafteur avoit invoqué fur eux.

Cela n'épefchoit pas que ce S. Evefque ne fur veillaft fans ceffe fur la conduite de ces âmes commifes à fa garde
& dont il devoit rendre vn compte
tres exaĉt, dont le nombre accroiffoit
tous les jours à merveille , malgré la
rage des demons , les efforts de leurs

Prestres, la malice & les suggestions
des faux-freres, que S Paul estimoit
des-ja de sõ temps plus perilleux que
tous les nœufrages & les dangers.

Pour cela S. Gaud veilloit & prioit
sans cesse, il passoit avec ses Clers
vne grande partie des nuicts dans
l'Oraison & la Psalmodie. La Cou-
stume de chanter la nuict les Noctur-
nes des Matines dans les Cathedrales,
s'est introduite des ce temps, & par
nos relaschemens n'est plus en vsage
en France que dans celle de Paris.

Le Iour il l'employoit aux divins Sa
crifices, à consoler les miserables à
fortifier les foibles, à secourir les malades, à visiter les prisonniers, à pres-
cher, à catechiser, à convertir les in
fideles, a les baptiser, à donner les
Sacremens de l'Eglise, à faire des
conferences, avec ses Ecclesiastiques

à reduire les grands pecheurs qu'il alloit perſecuter juſque dans leurs mai-
ſons, à renir des aſſemblées & congre-
gations des ſaintes Dames qui auoiét
ſoin avec luy, des perſonnes les plus
abandonnées de ſecours & ſur tout
celles de leur ſexe, prenant meſme la
charge de leurs inſtructions particu-
lieres & priuées, comme ces bonnes
Deaconiſſes, & rendoient compte de
leurs pieuſes geſtions à ce S. Pere des
pauures, diſputans enſemble toutes
les charitez faites & à faire.

Tous ſes iours & ſes heures eſtoient
fixez aux emplois ſalutaires de ſa
charge, il ne faiſoit rien que pour ſô
Epiſcopat, quand on le penſoit prendre vn peu de repos, il faiſoit des re-
glemens pour ſon Clergé des memoires pour la ſubſtance des pauures, &
ſur tout des nouuellement convertis

la Foy, ou bien le plus souvent il se
jettoit à deux genoux aux pieds du
Crucifix de son Oratoire, & comme
vn autre Iob crioit mercy à Dieu de
ses fautes & de celles de ses enfans.
C'est ainsi qu'il appelloit toutes les
brebis de son Troupeau qu'il avoit
engendrées à Iesus-Christ & qu'il luy
enfantoit encore à toute heure. *Ah*
creinte peuteistre que mes enfans ne vous
offence maintenant, ie vous en demas-
de pardon pour eux doux Iesu, c'estoiét
les paroles les plus ordinaires dans sa
retraite, & quand il prenoit la discipline, suivant le Conseil de David,
creinte que le Seigneur n'entrast en
couroux.

Ce bon Prélat travailloit aussi volontiers aux reconciliation, car c'estoit toute douceur & mansuetude,
& il avoit bien de la peine à decider

juridiquemẽt les caufes que les Chreftiens portoient à fon tribunal. Ils les excitoit fouuent à quiter quelquecho-fe, fuiuant le Confeil de S. Paul, & à fe relacher de leurs interefts, pour éuiter les procez entre eux & nourir la charité, il les exhortoit par les en-trailles de la mifericorde de Iefus-Chrift de fe faire juftice eux mefmes & de s'acorder à l'amiable, creinre que la neceffité d'obeïr à fes jugemens ne rompit les lien de cette tant ay-mable charité. Il eftoit obligé neant-moins de confommer beaucoup de temps à vuider grand nombre de dif-ferens de fes Diocefains, tant à caufe que les Cgreftiens n'ofoient ferradui-re l'vn l'autre deuant les Iuges Payés, qu'à caufe que la Iurifdiction Eccle-fiaftique n'auoit pas tant de bornes, & que plufieurs affectoient d'eftre ju-

gez par vne personne si éclairée, &
d'vne probité si exemplaire. S. Augustin, sans doute connu pour tel, se
plaignoit que cét employ de juger
attaché aux Evesques de son temps
luy deroboit presque tout le sien à
l'estude & a les autres fonctions in-
dispensables.

Il ne faut pas s'estonner si les premiers Evesques ont esté presque tous
Saints. Premierement ils estoint ap-
pellez de Dieu bien certainemẽt.
Secondement le martyre, dont ils
estoiẽt tous les jours menacez (estans
les premiers pris) les détachoit puis-
sammant des choses de la terre & les
garantissoit aisémẽt de la vanité, ils
ne pensoient point à d'autres basti-
mens qu'à l'Edifice spirituel de leurs
Eglises: leurs jardins & leurs prome-
nades, comme disoit S. Charles dans

nos derniers siecles, c'estoient leurs
bibles. Obligez sans cesse de fuir de
cité en cité, ils n'en auoient point icy
de permanente. Troisiesmement l'E-
piscopal estoit pour lors vrayement
vn ouurage, & vn bon ouurage comme l'appelle S. Paul, & avec bien des
croix sans onctiõ & sans dorure. L'E-
vesque faisoit tout, il baptisoit, il
confirmoit, il confessoit, il commu-
nioit, il administroit l'Extresme Onction, il marioit, il donnoit les Ordres, il exortoit au martire, il estoit
Administrateur des Hospitaux, il
estoit son Theologal, son Scolasti-
que, son Penitencier, son Archidiacre en vn mot, il estoit tout à tous
comme l'Apostre disoit de soy mesme, et nonobstant toutes ces fati-
gues S. Gaud jeusoit presque tous
les jours, il couchoit sur la dure, &

se déroboit à soy mesme tout ce qu'il pouvoit pour le donner aux pauvres. Les Anges se deguisoient souvent en pauvres, en pelerins & en malades pour recevoir ses charitez On accouroit de toutes parts à la Messe, pour recevoir les benedictions du Ciel par les mains: Souvent le S. Esprit est descendu visiblement sur ceux qu'il confirmoit; l'Eglise en avoit besoin lors pour estendre l'Empire de la foy naissante, ainsi que par le S. Augustin. Ceux qui recevoient l'Extrême-Onction de sa main toute sainte estoient frequemmment gueris par la force du Sacrement secondé par la sainteté du charitable Ministre. Enfin ce n'estoient que benedictions par tout pendant l'espace d'environ quarante ans que le S. Prélat a tenu si dignement le siege d'Evreux.

Mais adorons icy les abyfmes &
reffures ineffables de la Providence,
Dieu ne veut pas que le Diocefe d'E
vreux tout feul iouïffe d'vn fi grand
trefor, la bonté ineffable en veut en
core faire part à celu, de Conftances,
Gaud reffent de fecrets mouvemens
qui luy infpirent de quiter fon Dio
cefe, de choifir & defigner Maurufe
pour fon fucceffeur, & d'aller faire
penitence dans vne affreufe folitude
de l'Evefché de Côftances fur le bord
de la Mer, ombragée d'vne efpaiffe
foreft fous la difcipline d'vn Abbé
nommé Pair où Paterne, qui vivoit
là vne vie Angelique parmy vne
troupe de SS. Anachoretes dans le
Monaftere de Sciffey. Il a pris depuis
le nom du mefme S. Pair & le con
ferue encore aujourd'huy.

Cette infpiration toute extraordi

naire parut á noſtre Saint d'abord vne
tentation, mais l'ayant eſprouvée,
comme il étoit vn grand Maiſtre
dans la vie ſpirituelle qui avoit vn
don particulier du diſcernement des
eſprits. Il reconnut qu'elle ne venoit
pas de Sathan transformé en Ange de
lumiere: comme il fait ſouvent pour
ſeduire les bons qu'il ne peut ſouffrir,
mais de Dieu ſeulement. Et ſe reſolut
d'obeyr promptement à la voix de
celuy qui l'appelloit á la ſolitude
pour parler á ſon cœur.

Cet abregé de la vie de S. Gaud
ne me permet pas de m'eſtendre à ju-
ſtifier ſa conduite contre ceux qui
trouueroient á redire qu'il euſt quité
ſon Eueſché pour ſe faire Hermite.

Il en eſt aſſez d'exemples dans l'hi-
ſtoire Eccleſiaſtique, & c'eſt aſſez
dire qu'il ne fiſt pas cela de luy meſ-

me mais, pour obeïr a l'inspiratio
& a la volonté de Dieu, qui est tousiours infalible en matiere de conduire.

Pour moy ie crois que la Sainteté
la science & le zele qu'il reconnuë
dans Maurule l'exciterent beaucoup
a prendre cette resolution. Il voyoit
ce ieune Prestre, qui avoit ioint la
pieté, la connoissance des choses Saintes & vn courage inuisible pour la
defence de la Religion, auec les auan-
tages de sa naissance. Ce qu'il fist bié
paroistre au Concile nationale d'Orleans, ou il assista auec esclat en l'année 511. Il l'avoit espreuué dans ses
Missions, il avoit ouy ses Oracles
dans la Chaire, & admiré la douceur
de sa conduite, qui estoit dans vne
publique approbation. Mais sur tout
il creignoit que l'on ne l'enleuast bié

tost de son Diocese pour luy en donner quelqu'autre à conduire. Il voulut donc le lier à l'Eglise d'Evreux,
qui auoit auparavant luy souffert les
déplorables disgraces d'vn fascheux
veufvage & d'vne longue vacance.
Il apprehendoit vn pareil desordre
apres sa mort, & voyant vn si bon
ouvrier que Dieu luy offroit, &
si difficile à rencontrer (car il faut
tant de choses pour faire vn bon
Evesque) il ayma mieux luy quiter
sa place pour luy donner occasion de
travailler de bonne heure dans l'E-
piscopat.

S. Gaud fait entendre cette volonté de Dieu à Mauruse, luy fait connoistre que d'y resister seroit desobeïr
à ses Ordres, luy persuade d'embrasser cette charge qu'il veut quiter luy-
mesme, Il luy donne le temps de se

preparer, il obtient tous les confen-
temens neceffaires. Il a la confola-
tion de fe voir facrer par Crefcence
Archevefque de Rouen, & d'eftre vn
des deux affiftans de cette Augufte
Ceremonie, & l'inftalle luy-mefme
dans fa Chaire.

La Sainte Eglife d'Evreux ne pou-
vant pas avoir deux Efpoux, l'antien medite vn depart fecret, & fa
retraite tant defiré, Le nouvel Evefque & les peuples le découvrent, ils le
veulent conduire iufque dans fon defert & cellule, Maurufe mefme s'of-
fre d'y aller faire penitence au lieu de
luy, le reconnoiffant bien plus grand
pecheur. Les troupes le menacent
qu'elles iront peupler fon defert, &
qu'Evreux demeurera vn Monaftere
de Scifey par la Solitude. Ils efpient,
le fuivent & l'accompagnent partout,

Il y a encore vne Oratoire ou Chapelle dans la forest d'Evreux, à deux
lieuës de la Vile, nommée la Chapelle Noſtre-Dame du Gaud, que
l'on tient eſtre le lieu de ſon depart,
où il donna le baiſer de paix à ſon
cher Succeſſeur, & congedia ſon ay-
mable Troupeau, qui s'eſtoit jetté
à ſon col, & l'auoit conduit en l'em-
braſſant auec larmes juſqu'à ce lieu:
comme autres-fois les Chreſtiens de
Milete accompagnerent S. Paul à ſon
vaiſſeau, qui les quitoit pour ſe rendre en Ieruſalem à la Feſte de la Pen-
tecoſte. Pour moy ie mouille mon
papier de mes pleurs, en décriuant
cette rude ſeparation. Voicy ce qu'il
leur dit.

Mes enfans ie me ſepare de vous de
corps, mais nullement de cœur &
affection: & encore n'eſt-ce que

pour obeïr à la volonté de Dieu, qui
maistrise les inclinations que i'ay de
mourir avec vous en vous servant, &
sur tout d'arrouser mon païs & vostre
terre par mon martyre. Ce qui me
console dans vn si extrême desplaisir
qui saisit toutes les puissances de mon
âme, c'est que ie vous laisse mon fils
Maurple qui vous sera bien meilleur
Evesque que moy. Il a de la naissance,
de la suffisance, de la pieté, & de la vi-
gueur pour executer toutes mes foibles entreprinses, qu'vn or avorte qu'en
souhaits & desirs. Ie vais en faire penitence sur le bord des mers, tandis
qu'il reparera tous mes manquemens.
I'e leveray les mains au Ciel cependant qu'il combatra pour vous. Ie
ie coniure de vous aymer encore plus
que ie n'ay fait s'il se peut, & de vous
servir iusqu'à la derniere goute d'

son song, à l'exemple & pour l'amour
du grand Evesque de nos âmes Iesus-
Christ. Et si l'on y pouvoit adjouster
quelque chose, pour l'amour de celuy qui vous parle & que vous cheris-
sez tant sans qu'il l'ait jamais merité.
Les Croix, les haires, les veilles, les
austeritez, les abstinences, les jeus-
nes, les abjections, les mortifications
que ie medite dans ma retraite & ma
penitence ne me feront pas tant de
douleurs que me causent les tristes paroles de ce rude Adieu, que les sanglots de mon cœur estouffent dans
ma bouche. Mettez-vous donc à genoux pour demander à Dieu misericorde pour moy de vous avoir esté vn
si mauvais Evesque, & recevoir de sa
main plustost que de la mienne la der-
hiere benediction de plus grand pecheur du monde.

Maurole & tous ces peuples fondoient
en larmes, & s'en retournerent a E-
vreux battans leurs poictrines avec
leur nouvel evesque, qui ne peut leur
parler ny se consoler soy mesme. On
tient que le Clergé pour adoucir son
mal & sa tristesse extrême, suivant le
conseil de l'Apostre S. Iacques chan-
ta dans le retour de cette lamentable
Procession, *In exitu Israël de Ægypto.*

Lecteur pense vn peu sur ce sujet
combien les jugemés du Dieu vivant
sont terribles & comme c'est vne chose espouventable de tomber en ses
mains. Gaud n'a jamais fait que du
bien, c'est vn Evesque parfait & ac-
combly, & neantmoins quand il pense qu'il faut mourir & rendre vn compte exact à ce Iuge terrible de la plus
petite faute & de la moindre omissiõ,
il n'y a point de penitence estez rude,

de solitude assez horrible pour luy.
Applique - toy cette reflexion pecheur, qui ne fais rien de bien, & qui
n'as ny vocation ny bonne conduite.
S. Gaud s'en va de son costé, prend
la route du desert, se deguise & se couvre d'vne haire, d'vn cilice & d'vn
sac. Ce S. homme tout chenu (les mortifications avoient mesme avancé sa
vieillesse) traverse à pied tout son
Diocese, ceux de Lisieux & de Bayeux
sans se faire connoistre, crainte d'estre
arresté : sçachant bien que ne pas a-
vancer dans le chemin de la vertu, c'est
retrograder. Il passe la riviere de Vire,
qui fut pour luy vn fleuve Lethé c'est
à dire vn fleuve d'oubly de toutes ses
grandeurs & de sa diginité Episcopale.
Il invoque l'Ange tutelaire, afin qu'il
veille guider ses pas jusques au desert
qu'il cherche, & qu'il ne soit point

destourné par l'Evesque du lieu qu'il s'y propose de visiter, pour se submettre à ses loix & à sa conduite.

Il y avoit pour lors vn grand serviteur de Dieu & vn sçavant Prélat dans la Chaire Episcopale de Constances nommé Leontian, qui assista aussi avec Mauruse au premier Concile national d'Orleans. C'est luy qui fist Prestre S. Pair lors Anachorete au Monastere de Scissy & de puis Evesque d'Avranches.

Le S. vient trouver vn autre S. Gaude se prosterne aux pieds de Leontian, luy descouvre sous ses haillons & ses habits de pelerin, les marques de son Episcopat, l'ancien demande la benediction au plus jeune, vn vieil Evesque de la Province demande à son Comprovincial non pas la licence de faire les fonctions Episcopales dans son Diocese, mais d'y vivre en reclus & d'y gemir le reste de ses jours sous la haire, les fers & la dicipline monastique comme vn pauvre penitent.

Les larmes en vinrent aux yeux à S. Leontian, il le releve & se jette à ses pieds, luy demande luy mesme sa benediction. Le moindre luy d'isoit-il ne doit pas benir le plus grand. Et si nostre charactere est esgal, le mien est plus recent que le vostre. Vous estes vn Illustre en Sainteté, & ie ne suis qu'vn chetif pecheur. La renommée de vos vertus, & de vos hauts faits est venuë jusques icy, vos actions ont donné vne sainte jalousie à tous vos voisins Evesques, les peuples ne souspirent qu'apres vn gouvernement pareil au vostre. Prenez ma Chaire, instruisez mes ouailles, regissez mon Troupeau bien mieux que moy : & si c'est la volonté de Dieu qu'vn Evesque de nostre Province se fasse hermite, & moins pour honorer & reparer la solitude de Scicy , qui est souvent depeuplée de ses Anacho retes que l'on en tire pour remplir les Eveschez des environs, j'iray pour vous dans cette retraite, afin d'y escouter la voix de Dieu qui s'y donne à entendre , & pour y faire des reflexions serieuses & repasser sur l'inutilité de mes années dans l'amertume de mon ame. Là ie demanderay a Dieu si c'est sa volonté que vous renonciez entierement aux fonctions Episcopales , & cependant commandez dans mon Evesché.

L'humilité de S. Gaud estoit à l'espreuve de beaucoup d'autres honneur, & sa vocation à la retraite estoit

trop forte pour estre esbranslée par
la voix d'vn homme. Il avoit bien
preveu cette tentation en passant la
Vire, mais ce fut vn fleuue Rubicon
pour luy & demeurera comme vn ro-
cher inébranslable dans la Sainte resolution. Il resta quelques iours avec
ce S. Evesque de Constances pour le
contenter & se rafraichir vn peu de
la longueur du chemin qu'il avoit
fait à pied, & ne viuant que d'aumos-
nes. Ils passerent tout ce temps ensemble en psalmodies & oraisons &
s'entretenans de la Iustice de Dieu &
des obligations immenses de l'Estat
Episcopal.

S. Leortian le voulut conduire ius-
ques au desert, apres lequel il soûpi-
roit tant mais la Sainte abiection quil
professoit & que l'estime & les accla-
mations n'auoient iamais peu ébrans-

ler, luy firent refuser cét honneur comme les autres, & se contenta d'vn Clerc que l'Evesque luy donna pour guide avec cette lettre ou plûtost cette obedience addreſſante à l'Abbé Paterne au Monastere de Scisſy.

Mon tres cher fils en Dieu La componction de cœur & la paix de Iesus Christ puiſſent bien regner ensemble dans voſtre ame,

Ie devrois tenir la place de ce penitent, que ie vous addreſſe, ayant bien plus beſoin de fléchir l'ire de Dieu que luy. Il veut eſtre novice, mais c'eſt vn pere qui a des ja engendré plusieurs enfans en Iesus Chriſt. C'eſt vn parfait qui aspire à la perfection. Il ſçait commander & ne veut plus qu'obeïr. Ie ne le vous cacheray point, car il faut qu'vn Su-

perieur sçache tout ce qui se passe dãs
son Monastere ; c'est vn Evesque
que j'envoye sous vostre discipline,
humiliez-vous & trembl z. N'le de-
couvrez pas si-tost à vos freres creinte que leur humilité n'en soit tentée,
& la sienne n'en souffre par leurs sub-
missions. Moderez bien son zele &
son ardeur dans les austeritez. Faites
luy voir la misericorde de Dieu à
trauers sa Iustice, qu'il a tousiours devant les yeux, & donnez luy a entendre que ses souffrances estans de durée exerceront mieux sa patience, &
plairont a Dieu plus long-temps. Ex-
hortez-lé de dire souvent la Messe ;
quoy qu'il se repute grand pecheur,
& commandez luy souvent de prier
Dieu pour moy & tout mon Diocese
Adieu. Et que Iesus & Marie viuent
tousiours dans vostre cœur & vostre

Monaſtiere. Leontian humble Eueſque de Ste Egliſe de Conſtances.

S. Gaud arrivé à Scilcy, c'eſt ou
eſt à preſent la paroiſſe de S. Pair
prées Grandville celebre port de mer
en baſſe-Normandie dans l'Eueſché
de Conſtances. C'eſtoit pour lors vn
hermitage affreux dans vne eſpaiſſe
Foreſt ſur le bord de la mer Oceane,
ou Bacchus s'eſtoit fait adorer avec
ſes Bacchantes en vn temple deſtruit
par S. Pair, comme il ſe lit dans ſa vie
eſcrite par Surius & autres. Ce vieil
Nouice preſente la lettre de l'Eueſque
& ſon obedience à l'Abbé Paterne,
qui le receut auec toute la charité
poſſible, s'humilie deuant luy hors la
veuë des Freres, & luy donne vne
cellule, avec vne petite Oratoire ou
Chapelle joignante que l'on voit encore prés le Cimitiere de S. Pair, ou

l'on tien qu'il celebroit le S. Sacrifice, & qu'il y a fini sa vie bien-heureu-
se. L'image de S. Gaud. y est depuis
vn temps immemorial en habit. d'E.
vesque, avec cette inscriptiō S. GAV-
DVS, sur vn Autel consacré : au dessus du quel les Prestres du païs cele-
brent souuent la Messe auec grande
deuotion. Il voulut viure en reclus
dans cette Cellule, luy ayant esté
ainsi permis par son Abbé.

Partant ne demandez plus ce que
fit S. Gaud. depuis le temps qu'il en
tra au Monastere de Scilcy & de S.
Pair, jusqu'au iour du triomphe de
sa mort. C'est vn reclus, c'est vn ob-
scur c'est vn inconnu, il ne veut étre
veu que de Dieu & de ses Anges. Il
y mena donc pendant dix à douze
ans vne vie cachée en Iesvs-Christ.

Et si vous en voulez sçauoir dauan-

tage, il y jeusnoit, il y veilloit, il s'y
flagelloit, il y psalmodioit, il y mé-
ditoit sur les grandeurs de Dieu, les
excez de sa Passion, & la rigueur de
ses jugemens, il y prioit iour & nuict
pour vous & pour moy : sur tout
qu'il pleust à Dieu donner ce bons
Evesque à son Eglise, convertir à
la Foy toutes les nations, & ne luy
rien imputer de ses negligences & de
ses fautes passées, mais qu'il a esté
souvét consolé par les visites de l'Ange de ce desert, & principalement
par son Ange Gardien qui essuyoient
ses larmes, psalmodioient secrete-
ment avec luy, reçevoient ses vœux
& ses oraisons pour les porter devant
le throne du Tout puissant.

Souvent entendant les vents & les
tonnerres gronder sur la mer autour
de sa Cellule, il se prosternoit contre

terre & se mettoit en prieres pour appaiser le couroux de Dieu & calmer ces orages : & ses vœux estoient aussi souuent exaucez, les vaisseaux arriuans à bon port preseruez du mauuais temps des tempestes par la main toute puissante de Dieu, qui prenoit plaisir de faire obeïr la mer & les vents à son seruiteur, comme autrefoir à luy mesme, lors qu'il estoit homme sur la terre.

Quelques fois par la permission du Pere Abbé, il donnoit des instructiõs salutaires à ceux qui abordoient la Cellule, leur inspirant la sainteté auec l'amour de la penitence. Ie ne doute point qu'il n'escriuit mesme á Maeruse son Successeur pour se recommander à ses prieres, & luy faire responce sur les importantes affaires dont il le consultoit par ses lettres

Pleuſt à Dieu que le têps qui conſom-
me tout, n'euſt point de voré des pretieux monumens de pieté & de Saints
auis. Ce ſeroient des Reliques bien
rares de l'âme du Saint: mais conſo-
lons-nous puiſque nous avons Moïſe
& les Propheres.

C'eſt trop ſouffrir, l'Eſprit de Dieu
crie dans le deſert de Scilcy qu'il eſt
temps que Gaud ſe repoſe de tous
ſes trauaux, qu'il faut que ſes bonnes
œuvres le ſuivent & l'accompagnent
dans le Ciel. Il ſentit bien luy-meſme
que le temps de ſa reſolution appro-
choit. Son corps attenué des ieuſ-
nes & encore plus vſé par les macera-
tions que par les années, luy faiſoit
bien ſentir par ſes infirmitez continuelles qu'il eſtoit mortel, c'eſt ce que
S. Paul appelle la reſponſe de mort,
qui eſt dans nous. Il n'avoit preſque

plus de chair entre ses os & sa peau,
le feu de la charité l'avoit consommé,
& s'estonnoit qu'elle attache pouvoit
avoir son âme à vn Corps si mal dis-
posé.

Il y a disoit-il avec Iob si long-
temps que ie côbats & que i'attends
mon changement. La durée de mes
jours est petite à comparaison de l'E-
ternité, mais elle me semble encore
bien longue, puisqu'elle me separe de
Dieu que j'ayme, finira elle poit bie-
tost? fors donc mon âme, que crains-
tu? ayme-tu tant ce caduque taberna-
cle qui te sert de prison? mourez donc
mon âme, mourez de la mort des Iustes, & retournez à vôtre Createur
qui vous appelle.

L'Abbé le voyant diminuër tous les
jours, eut le soin auec les freres de le
fortifier par le Sacrement de l'Extrê-

D

me onction, qu'il receut avec atten-
tion & deuotion particuliere, Il reci-
toit les versets des prieres à son tour,
& les disoit quelques fois, pour les
freres interrompus pas leurs sanglots.

Il avoit receu la sainte Euchariftie le
melme iour & pendant tous les autres
de la retraite, offrant le S. Sacrifice
ou communiant seulement dans les
preffantes Infirmitez, A peine son humilité luy peut permettre de donner
labenediction aux affistant qui luy
demanderent avec larmes & inftance.
Il pria sur tout d'eftre enterré avec ses
Freres dans l'Eglise du Monastere,
pour ne pas abandonner la solitude
apres sa mort qu'il avoit tant aymée
pendant sa vie. L'Abbé luy accorda
aifement cette humble sepulture,
prévoyant bien qu'vn jour il en auroit vne plus honorable.

Enfin sentant arriuer les derniers mo-
mens, il leva les mains au Ciel, les ab-
baissa sur ses yeux, prononçant, *In
manus tuas, &c.* & disât *spiritum meum,*
mourut dans le baiser du Seigneur entre les bras de Saint Pair fait Evesque
long-temps apres, à l'âge de soixante-
dix ans.

Les Miracles qu'il opera apres sa
mort, la firent bien-tost esclater par
tout. Et ne faut pas s'estonner si l'on
mît cette inscription sur son tôbeau
qui fut trouvé il y a 533 ans, comme
nous dirons cy-apres. *Hic requiescit
Beatus Gaudus, &c.* icy repose le
bien-heureux Gaud, &c.

Nous n'avons pas la consolation de
sçavoir par l'Histoire quel fut l'Evesque de Constances qui l'enterra. Elle
nous apprend bien que Saint Lo depuis Evesque de ce lieu sous Childe-

bert premier, fit les funerailles de S.
Marcou Abbé decedé dans son Diocese, & qu'il inhuma S. Pair & S.
Scubilium en vn mesme jour & sous
vn mesme tombeau dans l'Eglise de
ce Monastere de Scisey. C'est donc
vne Terre vrayment Sainte, où fut
enterré S. Gaud. Depuis S. Senateur
autrement Senetius Hermite de ce
Monastere Disciple de S. Pair & mort
Evesque d'Avranches apres luy, y
voulut aussi estre inhumé & en a esté
levé & transferé en la Chatedrale
de Roüen, où chacun le venere. Et
cette Eglise est en tel respect que l'on
n'y éterre plus persône, mesme les Ecclesiastiques depuis ces premiers tép.
Ie Croirois que ce derniers office luy
auroit esté rendu par le bien heureux
Possesseur Evesque de Constance
qui vivoit pour lors en grande sainte,

té laquelle avoit attiré Saint Marcou
dans son Diocese, à qui il donna les
Ordre sacrez. Tousiours il est con-
stant que S. Gaud fut enterré
comme vn des Freres du Monastere
en l'Eglise du lieu bastie sur le penchant de la colline qui regarde la mer,
dans vne pierre ou auge que i'ay eu
le bon heur de voir, & qui est en cette Parroisse entierement semblable à
celle de S. Pair & à celle de S. Scubilion. On auroit peu y mettre l'Epi-
taphe suivant.

Cy gist vn fils d'Adam qui fut vn
Ange. Vn homme sans corps. Vn
mortel sans corruption. Vn innocent
penitent. Vn aspirant à la perfection,
& vn parfaict. Vn grand en dignité
devant les hommes, & vn abiect à
leurs yeux. Vn Evesque & vn Hermite. Vn Evesque hors son Evesché qui

donne des Benedictions par tout. Les autres demandent des prieres, & ce-luy-cy ren promet Faisant.

Les siecles suivans & les diverses guerres du païs n'ont peu abolir sa memoire & sa gloire. Il a plû au Grãd-Dieu de la renouveler sousle Pontifi-cat de Richard de Bruere Evesque de Constances en l'Année 1131. Ainsi que nous l'appelons de la tradition du païs, & par les anciens manuscrits & vieilles Legendes d'Evreux & de cette mesme Eglise de Saint Pair à present vne Parroisse de l'Evesche de Constances, qui rapportent admirablement.

Les Parroissiens de ce lieu voulans cette année rebastir la tour ou le clocher de leur Eglise, vn bon Prestre nommé Gaultier, Curé du lieu inspiré de Dieu, leur persuada d'entrepren

dre cét edifice, quoy qu'ils n'eussent
pas d'argent(j'obmet certaines visios
qu'il avoit euës & leur declara)les ex-
hortant de se confier à la providence
&les asseurant qu'en creusant les fon-
demens de ce clocher, ils trouverroiét
vn Thresor plus pretieux que l'or &
l'argent, quifourniroit bien & au delà
aux fraiz & à la despence du Basti-
ment.

Ils le creurent & s'obligerent tous
aux ouvriers. Et comme vn d'eux
foüissoit, Ie transcris icy & dans le
reste de cette Histoire fidellement le
manuscrit de l'Eglise S. Pair, qui est
certeinement tres ancien & bien as-
seuré, du costé du Soleil levant vn
peu au delà du fondement desigué il
ouvrit sans y penser avec son pic vn
Cercueil, de l'ouverture duquel il
sortoit vne telle fumée & vne odeur

fi fuave que tous ceux de l'Eglife &
du Monaftere creurent fentir les par-
fums du Ciel (ce font les propres
termes du manufcrit) & ne fe pou-
voient voir l'vn l'avtre.

Le bruit de cette merveille s'eftant
répandu par tout le Bourg de Saint
Pair , où il y avoit grand Monde à
cause d'vne Foire & Affemblée qui
s'y tenoit pour la Tranflation de S.
Benoift qui tomboit ce iour là xi
Iuiflet , mefme iufques au Iuges de
l'Abbaye du Mont Saint Michel, qui
tenoient pour lors la Iuftice. Chacun donc y accourut.

Et le nommé Guillaume Piquerelé
mettant la main dans cette ouverture tira du cercueil la tefte d'vn homme mort qu'il fit voir á tout le monde, & paroiffoit toute luifate & tranf-
parente. Et l'ayant remife en fon lieu

il prit vn flambeau, esclaira dans ce
cercueil, & y vit le reste de cét homme mort auec sa chair & sa peau ca-
tem tum corne adhuc haberem.

En suitte foüillant plus avant, il trouva sous la teste de ce mort vne pierre
auec quelques lettres, il la fit voir
premierement à vn nommé Roger,
qui n'y connut rien, puis la monstra
à Maistre Pierre Vicaire & aux autres Prestre du lieu, qui n'y peurent
rien lire à cause que les lettres estoiét
toutes remplies de terre & difficiles à
dechiffrer. Maistre Guillaume d'A-
vráches auec vn autre Ecclesiastique
la prist, la porta à la fenestre pres
l'Autel de S. pair, la laua d'Eau be-
niste, & leur fit voir qu'il y auoit *Hic.
requiescit B. Caudus olim Episcopus
Ebroicensi*, ce la veut dire, Icy repose le bien-heureux Gaud cy deuant

evesque d'Evreux.

Et qu'a lors tous les assistans se remirent en memoire cequ'ils avoient oüy dire à leurs ancestre, qu'il y avoit eu là sur vne petite colline au bout du Cimetiere vn antien Monastere, ou S. Gaud apres avoir quité sa Chaire Pontificale d'Evreux s'estoit volontairement retiré, & y auoit mené vne vie d'hermite. Ils restablirent le cercueil & le sepulchre, mirent neantmoins cette priere dehors, & elleverent vn second monument au dessus avec des petites senestres. C'estoit sans doute pour empescher que l'on ne marchast sur le veritable, ou pour y jetter des offrandes ou faire toucher ce que la devotion suggeroit. Il s'en est bien veu d'autres semblables en plusieurs endroits sur les autres tombeaux des Saints.

Auſſi il s'y fit en meſme temps quantité de miracles, & les offrandes des
gens de bien furent ſi grandes qu'il y
eut dequoy & audelà pour baſtir le
Clocher, qui eſt tout de pierre de
taille en pointe & pyramide, vn des
plus beaux de baſſe Normendie, extraordinairement grand& haut pour
vne ſi petite Egliſe.

Il ſe lit encore dans ces manuſcrits
antiens que pluſieurs maladesſe ſont
fait apporter au tombeau de S. Gaud
qu'ils y veilloient toute la nuict & recevoient gueriſon de leurs maux.
Quatre miracles arrivez depuis cette
premiere Invention de ſon precieux
corps y ſont rapportez.

Le premier, d'une femme demeurée
percluſe d'un bras pour auoir tauail-
lé vn iour de Feſte, qui eſtoit mere
d'un Eccleſiaſtique du lieu nommée

Radulphe & qui fans doute n'auoit pas voulu fuiure fes bons exemples & aduertiffemens. Mais qui fut guerie dans l'eglife en prefence de tout le monde inuocant S. Gaud, & s'imaginant qu'il tenoit fon bras.

Le fecond, qui commence par ces mots: la renommée des miracles que Dieu operoit inceffamment au facré fupulchre du tres Saint Gaud par fes rares merites, s'eftant portée par tout & grand nombre de malades & affligez y accourans de differentes Provinces, la femme d'un habitant du Mont S. Michel y fut apportée, liée pieds & mains à caufe que l'efprit immonde l'auoit rendue furieufe. Et elle fut incontinent deliurée & guerie par l'aide de ce faint Confeffeur.

Le troifiéme, vn Laboureur du village du Tanu ayant efté griefuement

bleſſé d'vne fleche, dont le fer eſtoit
reſté dans ſon bras, qui ne luy donnoit patience ny jour ny nuict, ſen-
tant des douleurs eſtrâges qui luy fai-
ſoient grincer les dents (il n'y a rien
du mien, ie ne fais que traduire) &
crier ſans ceſſe, ſe voüa à S. Gaud,
& auſſi toſt ſentit le fer tomber
dans ſa manche, & fut miracu-
leuſement guery dont il vint à la meſme heure rendre graces à Dieu au ſe-
pulchre du Saint, où il apporta le fer
qui l'avoit ſi long-temps tourmenté,
& le mit entre les mains du Preſtre
ou du Curé du lieu pour lors, qui le
fit voir à tout le monde, & l'a ainſi
depoſé.

Le quatriéme. La ſeruante de Hu-
gues de S. pait nommée Peruteſedis
fille d'vne pauvre vieille femme de
Granville, ne pouuant ouvrir ſes

doigts depuis long-temps à cause d'u-
ne grandé blesseure qu'vn harnois luy
avoit fait à la main, vint au tombeau
de S. Gaud. apres auoir employé inu-
tillement plusieurs remedes & s'estant
prosternée en ce saint lieu, y fut incontinent guerie. Ce qu'ayant esté
reconneu par Ranulphe Moyne du
lieu qui faisoit pour lors reparer vne
des portes de l'Eglise, il en fit aussi-
tost sonner les cloches, afin de rendre graces à Dieu, & qu'il fut ma-
gnifié dans son Saint.

Le manuscrit adjouste ces propres
mots, qu'il s'est fait & se fait encore
tous les jours au tombeau de S. Gaud
des miracles sans nombre à la gloire du tres Saint Confesseur Gaud,

Dans nostre temps, le Curé du lieu
mort depuis peu, deux Peres Iesuistes
y faisans Mission & grand nombre de

perſonnes dignes de foy, vont ſenty
de bonnes odeurs autour de ce com-
beau.

Et le Saint y continuant ſans ceſſe
ſes miracles, Meſſire Euſtache De
Leſſeville Eveſque du lieu, s'eſt ſen-
ti obligé par le deu de ſa charge Pa-
ſtoralle, d'y faire foüir en ſa viſite :
pour voir ſi la tradition du païs & ce
manuſcrit antien eſtoient veritables,
Que le corps de S. Gaud fut dans le
Chœur de cette Egliſe de S. Pair au
au pied du fondement du Clocher du
coſté du Soleil levant, quoy qu'il n'en
parut aucun veſtige par dehors, &
les lettres de ce manuſcrit eſtant ſi
vieilles & ſi gothiques qu'à peine per-
ſonne les pouuoit il lire ; afin que s'il
ſe trouvoit quelque choſe, Dieu en
fut glorifié & les devotions des peuples plus eſchauffées envers ſon ſaint

C'eſt pourquoy ce Prélat probable-
ment inſpiré par l'Ange Tutelaire de
ſon Dioceſe, le premier Septembre
de l'année preſente 1664 faiſant ſa
viſite dans ce lieu, fit decouvrir la
terre en cét endroit, y trouva le monument avec les petites feneſtres,
dont eſt parlé dans le manuſcrit cy-
devant rapporté, & au deſſous le ſa-
cré cercueil, depoſitaire du corps de
ce grand Saint bien cimenté qu'il fit
ouvrir par vn endroit, & auſſi-toſt re-
fermer en preſence de grand monde,
ainſi qu'il eſt amplement décrit dans
le recit de cette ſeconde Invention du
corps de S. Gaud, imprimé á Conſtances en la meſme année, que le
Lecteur curieux peut voir.

Thomas le Tourneux âgé de 30 ans
natif de S. Malo, qui a eſté douze ans
ſur mer Capitaine de Vaiſſeaux, &

qui s'est retiré en ce quartier au presbytere de Maistre Nicolas de Langle Curé de Brehal & Doyen du lieu pour s'y faire instruire des choses necessaires à l'estat ecclesiatique, qu'il veut embrasser, alla le mesme iour premier Septembre vers la nuict, faire ses prieres à S. Gaud, & ayant treuvé la porte qui est du costé du Cimetiere vis à vis de son tombeau fermée, il se mit à genoux devant, & vid à travers les fentes plusieurs flambeaux allumez en forme de langue de feu, qui brilloient sur ce Saint Tombeau pendant tout le téps de sa priere qui dura en viron vn quart-d'heure, le vint dire à Maistre Iacques Chenu Curé du lieu & à Maistre Pierre Tuillet Diacre de Briqueville sur la mer, qui l'ont avec ledit le Tourneux ainsi affirmé, signé & arresté audit Sei-

E

gneur Evesque.

Depuis les Miracles s'y sont multipliez plus que jamais. L'Eglise a tousjours esté pleine de pelerins & de grand nombre de Prestres tant Chanoines, Curez qu'autres de toutes parts, π esme des autres Dioceses, qui y ont offert à Dieu le Saint Sacrifice de la Messe & les vœuz des peuples. Ce qui a fait souhaiter à chacun de voir bien-tost cette pretieuse Relique levée de terre, pour estre exposée sur les Autels à la veneration des Fideles. Messieurs les Hault Doyen & Chanoines d'Evreux zelateurs de la gloire de leur grand Prelat, & qui font avec tout leur Diocese sa feste double de seconde Classe, le 31. Ianvier, en ont témoigné leurs empressemens par lettres, & leurs ardent desir d'assister par leurs Deputez à cette celebre TRANSLATION.

A ce sujet le dit Seigneur Evesque de Constances atermè & indiqué cette belle Ceremonie & bien peu commune dans nos jours à l'vnzième du present mois de Novembre Feste de S. Martin 1 6 6 4. dont vous aurez Dieu aydant vn ample & fidel Recit, ensemble des Miracles qui ont esté faits depuis le premier Septembre : Et que Dieu pourra encor faire par les Intercessions & Merites de son Saint Confesseur Pontife, apres neantmoins qu'ils auront esté bien examinez & verifiez par ledit Seigneur Evesque du lieu.

FIN.

PRIERES A S. GAVD

Approuvée par Monseigneur l'Evesque de Constances,

ANTIENNE.

Tantum ergo sanctum Gaudum
Veneremur cernui,
Gratiarum complementum
Nostro dedit vsui.
Præstat preces supplementum
Pauperum defectui.
℣. Gaudiis in terra nostris gaud Gaud.
℟. Et Gaudiis cælestibus fac nos tecum gaudere.

ORATIO

DEVS qui semper es mirabilis in Sanctis tuis, & sanctissimi Pontificis tui Gaudi quotidie renovas gloriam: Renova in nobis Spiritum tuum, & iugi eius intercessione multiplica potentiæ tuæ miracula ad nostram animæ & corporis salutem, Per.

SOMMAIRE
DE CE QVI S'EST PASSÉ A LA
TRANSLATION
DV CORPS MIRACVLEVX
DE S. GAVD
ET DE QVELQVES
MIRACLES ARRIVEZ
DEPVIS SON INVENTION.

MONSEIGNEVR l'Euesque de Constances ayát fait publier par tout son Diocese, qu'avec la grace & misericorde du Tour-puissant, il feroit à S. Pair la ceremonie dela Translation du corps miraculeux de S. Gaud le jour & Feste S. Martin 11. Novembre de l'année presente 1664. & ordonné à Maistre Nicolas de l'Angle Curé de Brehal, Doyen dudit S. Pair d'y faire treuver toutes les Proceſſions des Parroiſſes de ſon Doyenné, & de les advertir de ſa part de jeuſner la veille à l'exéple des habitans du lieu.

Ledit Seigneur Eveſque aſſiſté des ſieurs Deputez de ſon Chapitre & de Gourmont & de la Mothe ſes Archidiacres de Conſtances & de Coſtentin, qui l'ont touſiours accompagné dans cette grande celebrité, s'y rendit huit jours auparavant, pour pendant ce temps diſpoſer les peuples à vne action ſi ſainte par les exhortations, confeſſions, communions & confirmations.

Maiſtre Pierre Ioüenne Curé de S. Aubin Delpreaux par les Ordres de Monſieur le Commandeur de Souvré, Abbé de l'Abbaye du Mont S. Michel, & en cette qualité Baron &

Patron dudit lieu de S. Pair, travailla
inceſſamment à preparer toutes les
choſes neceſſaires pour vne ſi grande
Ceremonie. Et notamment Dom-
Arſene Mancel Prieur, & Dom-Ru-
per Belin Religieux de cette Abbaye,
qui y arriverent le Dimanche prece-
dent, & y ont touſiours témoigné
beaucoup de pieté & devotion.

Le Lundy veille S. Martin y arive-
rent auſſi les ſieurs de Bauſſe, le Bat-
telier & Gendreau, Chanoines &
Deputez du Chapitre de l'Egliſe d'E-
vreux, envoyez de leur Compagnie
pour aſſiſter à la Tranſlation de leur
S. Prélat, & en demander des Reliques pour leur Cathedrale, & tres-
grand nombre de perſonnes de toutes conditions, entr'autres les Sieurs
Marquis, Comte, Abbé & Chevalier
de Caniſy, & le ſieur de la Ferriere,

qui contribuerent de tout leur pouvoir à empecher le desordre de la grande foule du monde qui vouloit entrer dans l'Eglise pour voir leverde terre ce Corps miraculeux, les Gardes dudit sieur Marquis de Canisy ayant grandement servy dans ce rencontre.

Il estoit environ cinq heures du soir, & les personnes de condition estans entrées dans l'Eglise par tout esclairée de flambeaux & rangez au tour du Sepulchre du Saint, ledit Seigneur Evesque revestu de ses Habits Pontificaux & assisté de son Clergé, ayant invoqué l'Assistance Divine avec les prieres de toute l'Assemblée, s'approcha avec toute humilité & devotion de ce S. Tombeau, y donna sa Benediction, & en fit lever la terre tout au tour par les Prestres du lieu ; & six

Capuçins du Convent de Conſtances que la pieté y avoit attirez.

Ce qu'ayant eſté fait la priere du Sé-
pulchre parut de tous coſtez, & le
Ciment de la Couuerture ayant eſté
rompu & oſté à grands coups de pic,
chacun eut le bon-heur de voir les
bien-heureux Oſſemens du S. rangez
dans cette vrne & auge pretieuſe que
les vers & vnze ſiecles n'auoient peu
conſommer. Ils eſtoient encore ver-
meils comme s'ils venoient d'eſtre
deſpoüillez de leur chair, & exa-
loient vne odeur tres-ſuaue que chacun ſentit & admira.

Au meſme temps la Chaſſe preparée
pour mettre ce S. Corps fut apportée
& apres avoir eſté beniſte par ledit
Seigneur Eveſque, il deſcendit &
entra ſeul dans le Tombeau, baiſa
les pieds du S. Prelat avec toute ve-

neration, & prit tous les sacrez Osse-
mens les vns apres les autres, les fit
voir & sentir à tous les Assistans, &
employa plus de trois heures à les
placer dans la Chasse qu'il ferma &
fit porter sur le grand Autel, & apres
l'auoir encensée, il commença le Te
Deum qui fut suiuy de tout le Clergé
& le peuple qui fondoit en larmes de
joye, tant dedans que dehors l'Eglise
où il estoit en foule, nonobstant la
nuict.

Et la ceremonie de ce jour fut finie
par sa Benediction Pontificale, par
l'antienne & Oraison du Saint cy
deuant imprimée, & par la priere
Exaudiat pour le Roy qui a vn si grad
Thresor dans son Royaume. Et la
chasse mise dans le Coffre fort de l'E-
glise fermant à trois, clefs pour estre
conseruée jusqu'au lendemain, & so

gneusement gardée pendant la nuict avec grand luminaire,

L'vnziéme du mois Feste de S. Martin, on vid aborder vn tres-grand nombre de personnes de toutes parts: et quoy que ce lieu soit sur le bord de la mer & dans l'extremité du Diocese de Constances, dés le point du jour l'Eglise de S. Pair & la Chapelle de S. Gaud au dessus du Cimetiere furent remplis de Communians, & de Prestres qui celebrerent la Messe à l'honneur de S. Gaud avec vne ardente deuotion.

Sur les dix heures, les Processions arriverent, & toute la place devant l'Eglise, qui est tres-spacieuse, & le Cimetiere ou estoit vn Autel esleué avec l'Image du Saint, & paré de tres-riches Ornemens, se trouverent remplis de plus de vingt mil per-

sonnes de toutes conditions tres
qualifiées dans l'Estat Ecclesiastique
& de la Noblesse.

Alors ledit Seigneur Euesque s'estant
reuestu de ses habits Pontificaux au
dit Autel, assisté desdits Sieurs Archidiacres, & des Sieurs de la Luzerne Promoteur de l'Euesché, Mancel,
Du buisson, Harlan, Corbet, En
coignard, Carpaigne & Cheruise,
tous Chanoines & deputez de sa Cathedrale, partit en ceremonie & alla
dans l'Eglise, ou il fit l'ouverture du
coffre dans lequel la Chasse avoit esté
enfermée, qui fut prise & portée so-
lennellement en Procession par trois
desdits sieurs Chanoines de Constances, & lesdits trois sieurs Chanoines
d'Eureux.

Laquelle Procession auec tout le
Clergé du païs, les Prieurs & Reli-

...gieux de l'Abbaye de la Luzerne, les cordeliers de Grand ville & capucins de Constances, fit le grand tour de l'Eglise & chapelle de S. Gaud, auec vne deuotion & modestie singuliere sans trouble ny aucun desordre, nonobstant l'affluence du peuple, tandis quel'on chantoit le *Te Deum*, & l'Hymne *Iste Confessor*, qui fut repeté plusieurs fois, & specialement le verset *Ad sacrum cuius tumulum frequenter Menbra languentum modo sani datis, Quolibet morbo fuerint grauata, Restituantur.*

A la fin de la Procession ledit Seigneur Euesque mit la chasse du Saint sur cét Autel dressé exprez, fit l'Eloge de ses loüanges, monstrans son precieux corps á tous les assistans par l'ouuerture de la chasse. Ensuite celebra sa Messe Pontificale, et apresque l'*Exaudiat* pour le Roy eut esté chanté auec grand joye alternativement par la musique & Par tout ce grand peuple, il donna la Benediction solennelle & les Indulgéces de quarante jours, descendit la chasse de dessus l'Autel & la conduisit en pompe dans l'Eglise reportée par les mesmes sieurs Chanoines.

Chacun attribuë à miracle & au pouvoir du Saint l'extraordinaire beau temps dont il pleut à Dieu favoriser cette celebrité tant la veille que le jour : les peuples s'estans entieremét exposez à sa providence & à l'injure de l'air, qui fut tousiours pluvieux & remply d'orages & de vents long temps auparauant & depuis mesme la veille jusqu'à midy & le iour sitost que la Messe hors l'Eglise & la ceremonie furent achevez.

Le reste de la iournée fut employé
aux Confirmations tandis que les peuples avec vn empressemens estrange
s'occupèrent à baiser les Reliques du
Saint, & faire toucher leurs medail-
les, images & Chapelets, & les ecclesiastiques leurs Breviaires. Admirans tous la bonne & tres suave odeur
qui en exaloit comme de bein iouin &
pastile bruslée, laquelle fut attestée
n'estre point naturelle non plus que
la conservation de ces precieux Osse-
mens demeurez en terre depuis vn si
long-tempt, tant par le sieur Roussel
Docteur en Medecine que par Maistre Charles Foubert Chirugien ancien iuré Attestateur du Bailliage de
Costentin & Bon dauid Foubert,
Chirugien à Constances.

C'est vne chose fort remarquable
qu'vne personne considerable de la

R. P. R. du Diocese d'Avranches,
qui ne treuveroit par peut estre bon
d'estre icy nommé, s'estant approché
& senty cette bonne odeur comme
les autres & à diverses fois & de diffe-
rens Oslemens qu'il choisit luy mesme dans la chasse, Advoüa audit
Seigneur evesque en presence de
tout le monde qu'il falloit que ce fut
là vn grand Saint. Et estant sorty de
l'Eglise dit tout haut, qu'il avoit ad-
voüé que cestoit vn grand Saint,
mais qu'il estoit vn euesque de sa
Religion.

Le lendemain douziéme jour chacun estant en prieres & deuotion devant la chasse, ledit Seigneur Euesque fit la distribution de quelque
partie de ces pretieuses Relique. En
donna l'Os femur de la cuisse ganche
ausdits sieurs Chanoines de Constan-

tes pour la Cathedrale. Vn Ossemét
de l'espaule auec six doigts au dit sieur
de S. Aubin pour Monsieur le Com-
mádeur de Souvré Abbé de l'Abbaye
du Mont S. Michel. L'os coccix & le
grand d'vn des bras audit Prieur &
Religieux de la mesme Abbaye. L'os
Tibia de la jabe droite ausdits sieurs
Chanoines Deputez d'Evreux pour
leur Eglise, & vne des grandes verte-
bres pour celle de Normanville prés
Evreux dediée à S. Gaud. Vn autre
vertebre pour la Cathedrale d'Avrã-
ches. Vne coste pour celle des Malo,
vne autre coste pour la Collegiate de
Mortaing, vn os du metatarse du
pied pour l'Eglise Paroissiale de la
ville de Louviers au Diocese d'E-
vreux; dont les Habitans ont tou-
jours esté tres-devots à ce Saint, & qui
ont fait grande instáce pour en avoir

F

Et s'en reserua quelques parcelles
pour les Seminaires de Constances &
Vallongnes & autres lieux pieux en
tres petite quantité, neantmoins pour
ne pas diminuer notablement l'inte-
grité de ce pretieux thresors.

Ce qu'ayant fait, il ferma entierement la Chasse, & la scella de son seau,
apres y avoir mis vn ample procez
verbal de tout ce qui s'estoit passé de
plus remarquable dans l'Inuention &
Translation de ce Corps miraculeux,
signé de luy & de tous les assistans
qualifiez, auec vn memoire attesté
par lesdits medecin & Chirurgiens
de ces parties notables distribuées,
& le nom desEglises ausquelles elles
ont esté données.

On vid dans la Ceremonie de cette
Translation Pierre Cabieul Escuyer,
President en l'Election de Carétent

& S. Lo, qui s'y estoit fait porter tout
moribond dans l'esperance de recevoir la guerison de son mal par l'Intercession du Saint. Il auoit esté tra-
vaillé d'un flux l'espace de deux ans
auec des tourmens excessifs jour &
nuict, & les Medecins n'y pouuoient
apporter de remede, attribuans le
sang mesme le plus qu'il rendoit con-
tinuellement à quelques abscez dans
les intestins. Il se voüa à S. Gaud, y
fit commencer sa neufvaine, & dés ce
temps son flux & ses douleurs ont ces-
sé. Et n'attribue sa guerison ainsi que
ses Medecins, qu'au Miracle qu'il a
plu à Dieu d'operer par son Saint.
N'ayant vsé d'aucuns remedes, & le
publiant & attestant ainsi par tout &
de viue voix & par ses Lettres, sur tout
celle qu'il en a escrit au sieur de Gourmont Chanoine & Archidiacre de

Constances Aumônier, Chapelain de
la Reyne Mere.

Quelques temps après l'Invention
Iacques du Pont dit la Mote de la Pa-
roiffe de Chantelou, Diocefe de Conftances, eftant preffé par plufieurs
fois par Renée Hecquart fa femme
de luy permettre de faire le Pelerina-
ge de S. Gaud & y porter leur enfant
malade pour obtenir du Saint la gue-
rifon L'en voulut toufiours empef-
cher, luy difant ces mots, quel miracle a fait S. Gaud ? attend qu'il en
ait fait & puis tu luy porteras notre
fils.

Et dans ce temps ledit du Pont fut
pris d'vn mal qu'il faifoit extravaguer
& verfer des larmes en abondance, re-
petant fouvent ces paroles, en femet-
tant à toute heure à genoux, S. Gaud
ie demande pardon, ce qui luy

dura depuis les neuf heures du matin
jusques vers les sept heures du soir
qu'il commença de jetter de grosses
sueurs fort puantes estant tout tranf-
porté & criant souvét j'y vais j'y vais,
je n'iray pas, je n'iray pas: à quoy sur-
vint Antoine du Pont son frere, que
sa femme avoit envoyé querir, lequel
eut bien de la peine avec trois autres
personnes de le moderer & l'empef-
cher de jetter de son lict, continuât
toufiours à dire les paroles fufdites, &
luy fut remonstré par ledit Antoine
son frere à present Soubdiacre & bon
Theologien, que c'est à S. Gand qu'il
falloit aller & en faire vœu & luy, de-
mâder pardon des paroles de mespris
qu'il avoit dites contre son honneur.
Et sur les neuf heures du mesme soir,
Dieu luy fit la grace d'escouter les re-
monstrances que luy faisoit son dit

fiere , demanda pardon au Saint , &
promit d'aller à son Tombeau & son
mal cessa aussi-tost & reuient en son
premier estat, dont il a depuis esté re-
mercier le Saint , & en rendre gloire à
Dieu. Ce qui a esté ainsi arresté par
ledit Antoine du Pont le xix. Decembre 1664. & auparavant par sa femme le iour de la Translation , audit
S. Pair.

Monsieur de Baudreville pere de
Monsieur de Pierre pont, Lieutenant
des Gardes du Corps de sa Majesté
estant depuis long-temps tourmenté
d'vn mal à la jambe & au pied , que
les Medecins Methodiques & Chirurgiens n'auoient peu soulager , &
apres auoir inutilement employé tous
les remedes imaginables , s'estoit mis
entre les mains d'vn Medecin Spage-
rique , nommé Adam , qui auoit ac-

quls grande reputation dans ce païs
par d'admirable cures de maux tous
extraordinaires, & luy avoit promis
de le guerir. Mais reconnoissant que
l'application de ses remedes pendant
plus de six sepmaines ne luy donnoit
aucun soulagement, il fut contraint
de luy advoüer que son mal luy estoit
in cônu & qu'il perdoit toute esperã-
ce de le pouvoir guerir. Ce qui obligea ledit sieur de Baudreville d'avoir
recours au grand Medecin du Ciel.
Et ayant entendu parler des miracles
qu'il operoit au Tombeau de S. Gaud
depuis la descouverture, s'y fit porter pour faire celebrer la sainte Messe
& y communier, & demander à Dieu
sa guerison par l'intercession de son
grand serviteur. Et au moment qu'il
entra dans l'Eglise il sentit l'enfle de
sa jambe & de son pied diminuer, les

emplaſtres de deſſus ſe deſtacher, ſa
douleur ceſſer, & le meſme iour eſtát
arrivé chez luy, les reconnut tout à
fait deſenflez, & ſans y avoir depuis
appliqué aucuns remedes s'eſt trouvé
entierement guery. Ce qu'il a luy-
meſme attribué à vn miracle de S.
Gaud, & ainſi témoigné à grand
nombre de perſonnes d'honneur &
de Probité.

   Maiſtre Vrſin Vermée Curé de Ni-
corp prés Conſtances y venant quelque iour aprés la Translation, fut
obligé de paſſer à atravers le cours de
l'eau du Molin de Viquet, qui eſtoit
extraordinairement creuë & bien
plus qu'il ne penſoit à cauſe des grandes pluyes, & eſtant tombé de ſon
Cheval en cette eau qui l'emportoit
dans la reüe du Moulin, & ſe voyant
preſque ſubmergé l'eſpace de plus

d'vn demy quart-d'heure & sans aucun secours humain, invoqua S. Gaud dont il avoit quelques Reliques sur luy, & fut miraculeusement secouru par vn païsant qui venoit d'y passer & retournoit, heureusement pour luy, à ce moulin, ou il avoit publié quelque chose. Ce qui à esté par luy attesté ce mesme iour estant arrivé audit Constances.

Le sieur de la Berriere Rinfrey du Diocese d'Avranches, voisin de Saint Pair, estant tourmenté depuis trois mois d'vne fièvre tres-violente, qui luy faisoit perdre tout le repos iour & nuict par vne douleur de teste excessive, en voya le lendemain de l'Invention du Corps miraculeux de S. Gaud de faire dire vne Messe à son Tobeau avec ordre de luy en raporter quelque morceau, & l'ayant mis sur son front.

avec grande foy & confiance aux merites & pouuoir du Saint, sa douleur
de teste cessa aussi-tost & sa fièvre le
quita, dont il a bien voulu rendre gloire à Dieu & a son seruiteur, l'estant
venu attester de luy mesme tout pu-
bliquement dans le chœur de l'Eglise
de Grandville le Dimanche suiuant
de la Translation, que le Seigneur
Euesque de Constances y venoit de
celebrer sa Messe Pontificale.

On vit au dernier iour le sieur Baron
d'Auxais Communier au Tombeau
dudit Saint pour rendre graces à Dieu
de la guerison de sa fièvre, qu'il a ob-
tenuë par l'intercession de S. Gaud.
Ainsi qu'il l'asseura à Maistre Iacques
Chenu Curè, & aux Prestres du lieu.

Susanne, fille de Pierre le Blanc de-
meurant au Pont de Soulle faux-bourg
de Constances, âgée de sept a huit ans

dans le mois de Decembre de la preſente année 1654, allant à l'Eſchole
tomba dans l'eau, des gros cailloux
extremement accreuë à cauſe des pluyes continuelles; Et ayant invocqué
S. Gaud & ſe baiſé ſon Chapelet qui
auoit touché ſes Reliques, ſe trouva
miraculeuſemét portée & arreſtée ſur
vne groſſe pierre qui la tint vn peu eſ-
leuée hors de l'eau qui l'emporroit &
l'auoit des-ja fait paſſer par deſſous
vne petite arche, la preſerva du peril
éminent & la mit en eſtat d'eſtre ſe-
couruë. Ce qui fut admiré de pluſieurs
perſonnes du lieu qui l'ót icy affirmé.

    Le Lecteur amateur de S. Gaud im-
putera à l'Imprimeur qui preſſe cette
ſeconde Edition de la vie de S. Gaud
ſi les autres Miracles qui ſont tres-
frequents ne ſe treuvent icy raportez.
Il ſe reſerve d'en imprimer encor vn

autre petit liure, si-tost qu'il auront esté bien recônus & averez par Monseigneur l'Evesque de Constances ainsi que les precedens. A quoy Noble & Venerable personne Maistre Oliuier de la Luzerne de S. Hilaire son Promoteur travaille incessamment. Ce qui ne peut faire qu'avec temos-

Lettre d. M. le Commandeur de Souure, Abbé du Mont S. Michel, à M. l'Evesque de Constantes

M. La Lettre qu'il vous à plu me faire l'honneur de m'escrire, m'a entierement instruit de la descouverture du pretieux Corps de S. Gaud, don j'avois des-ja sçeu quelque chose, parce que M. le Curé de S. Aubin en a escrit par deça, J'en ay informé le Roy & la Reyne Mere, à laquelle j'ay

fait entendre ce que vous me mádez,
qui en a esté fort satisfaite. Ie dois
estimer à grand bon-heur pour moy,
de ce que cette sainte Relique s'est
trouuée de mon temps : A quoy ie ne
doute pas que vostre pieté vos vertus
& les belles qualitez que vous possedez ny ayent beaucoup aydé. Ie loüe
infiniment & approuve le saint desir
que vous auez de le mettre en évidé-
ce sur les Autels ; pour estre veneré
d'vn chacun. Pour la decoration ie
feray ce que ie dois. Ie vous remercie
tres-humblement. M de toutes lespei-
nes que vous prenez, dont ie vous
suis infiniment obligé & le feray encore d'auantage, si vous auez la bonté
de menuoyer vn extraict de vostre
procez verbal pour le faire voir à
leurs Majestez. Le Roy a voulu voir
la Lettre que vous mauez escrite, &

la leuë par deux fois. Vous asseurât
que ie fais vne estime tres-particulie-
re de voftre perfonnes & merites, &
de Meffieurs vos freres, & que ie soû-
haite auec paffion qu'il se prefente
quelque occafion de vous pouvoir te-
moigner que ie suis M. Voftre tres-
humble & tres-obeiffant serviteur De
Souuré. A Paris le quatriéme Novembre 1664. Et en la marge, depuis
ma Lettre escrite plufieurs Dames de
la Court m'ont priè de leur faire auoir
quelques particules de cette Relique
vous en ferez comme il vous plaira.

Acte de la Deputation du Noble & Venerable Chapitre d'Evreux.

LE Mercredy 5. de Novembre
1664. au Chapitre de l'Eglise
Cathedrale Noftre Dame d'Evreux,
auquel Monfieur le Doux de Melle-

ville Hault-Doyen & Chanoine pré-
sidoit. Mondit-Sieur Doyen à repre-
senté & leu à la Compagnie la Lettre
que luy a fait l'honneur d'écrire Mô-
seigneur l'Illustrisme & Reverendissime Evesque de Constances, par
la quelle il fait la grace au Chapitre
de luy donner advis qu'à raison de l'affluence & empressement continuel
des fideles au Tombeau du bien-heureux S. Gaud Evesque d'Evreux,
dont Mondit-Seigneur Evesque auroit fait l'ouverture & Invention de
ses Reliques le premier jour de Septembre dernier & a cause des conti-
nuels miracles qui s'y font journelle-
ment, il a resolu de lever le Corps
saint & d'en faire la Translation au
jour de S. Martin prochain. Pourquoy
la Compagnie a deputé vers Mondit-
Seigneur Evesque, Messieurs de Be-

ausse antien Chanoine, le Batrelier , Theologal , & Gendreau Chanoines de cette eglise, pour luy faire tres-humble remerciement des faveurs qu'il luy a faites, & luy en tesmoigner les sinceres reconnoissances & obligations du Chapitre, ensemble assister à ladite Translation de son bien-heureux evesque , & supplier tres-instamment Mondit-Seigneur de Conslances d'accorder & departir favorablement à l'Eglise d'Eureux vne partie des pretieuses Relique de son Grand Prelat & bien-heureux Apostre apres S. Taurin. En tesmoignage dequoy ces presentes ont esté signées de mondit-Sieur le Hault-Doyen & du Secraitaire du Chapitre, & sceellées du Seau ordinaire de la Compagnie, comme-dessus. Signé le Doux de Melleville, plusbas Bonneville, & scelle du Seau dudit Chapitre.

Requeste de Messieurs de la Ville de Louviers, à Monseigneur l'Illustrissime & Reverendissime Evesque de Constances Conseiller du Roy en tous ses Conseils

LEs Curez, Prestres & Habitans de la ville de Louviers ayant tousiours seu vne particuliere devotion à S. Gaud vn des premiers Evesques du Diocese d'Evreux, dont il font tous les ans l'Office solennel comme des Saint Apostres, obligea il y a peu d'années vn desdits Curez de se transporter en l'Eglise de S. Pair pres Granville, où reposoit son Corps, pour au nom de toute la Ville l'y venerer & faire recherche de ce qui se pouvoit trouuer de la sainte vie, dont il rapporta procez verbal signé des

G

sieurs Curé & Prestres dudit lieu. Depuis peu de jours ayant appris que vostre Grandeur avoit fait ouvrir son sepulchre pour faire la Translation de ses saintes Reliques.

Vous supplient tres - humblement de seconder leur devotion & de leur accorder quelques Reliques considerables pour estre decorées, exposées & honorées dans l'Eglise principale de ladite Ville aux jours & Festes dudit Saint & autres solennelles dudit Diocese, & vous les obligerez tous ensemble à prier Dieu pour vostre Grandeur, Signez Desplanques & le Terrier, Curez de Louviers & autres.

Lettre de M.^{l'Evesque & Comte de Toul à M. l'Evesque de Constances}

M l'ay receu bien de la joye

entendant de vos nouvelles , car ie
croyois (il y a long-temps) n'estre
plus en vostre souvenir, Ie loüe Dieu
de la grace qu'il vous a faite par l'Invention du corps de S. Gaud ancien
Evesque d'Evreux , & depuis Ana-
chorette decedé en vostre Diocese, où
il est demeuré long temps ensevely
comme l'or dans la miniere & le dia-
mant dans la poussiere. On voit luire
la providence de Dieu d'avoir reser-
vé cette revelation au temps de vostre
Pontificat , car il n'y a eu guere de vos
Predecesseurs qui s'y fussent conduits
avec tant de prudence & de pieté que
vous avez fait , comme il paroist par
le procez verbal que vous m'avez fait
l'honneur de m'envoyer ; Ie suis aussi
bien aise de voir que vous estes servy
de mon Martyrologe de France , &
mesme daigné transcrire l'Eloge que

ie donne audit S. Gaud, Ie me reser-
ve d'en dire davantage dans la fecon-
de Edition, que ie dois commencer
l'année qui vient : Et cependant ie
vous fupplie M. me faire la grace de
m'envoyer les memoires de ce qui ar-
rivera aprés les folemnitez que vous
aurez apporté à la Tranflatio, & mefme de m'honorer de quelques parcelles des Reliques de ce grand Saint.
I'efpere aller à Paris aprés Pafques
pour les affaires de mon Euefché, j'at-
tendray cependant la grace de voftre
refponce & demeureray tres-verita-
blement M. voftre tres-humble &
tres obeiffant ferviteur & Confrere
André Evefque & Comte de Toul.
A Toul ce 20. Octobre 1664.

Vous remarquerez que ledit Seigneur Evefque & Comte de Toul
eftant encore Curé de S. Leu, S. Gil-

les & Official de Paris, mit en lumie-
te l'excellant ouvrage de son Marty-
rologue François qui contient deux
grands Volumes in folio, plein d'admirable erudition & recherche, & fut
si bien receu à Rome & dans toute la
France, par le Pape & le Roy, que
ces deux puissances conspirerent &
s'vnirent pour le mettre dans le sang
des Princes de l'Eglise qu'il meritoit
il y a long-temps. Et comme ce qu'il
dit de S. Gaud, & sur tout de son
Tombeau, fort inconnu lors qu'il
escrivoit, semble luy avoir esté divi-
nement inspiré & merveilleusement
rapportant à la verité descouverte
dans nos jours : Vous aurez agreable
d'en prendre icy la lecture, ainsi que
dans le Recit de l'Ivention de son
Corps miraculeux.

Die 31. Ianuarij.

EBROICIS in Normania fub
Lugdunenſis. CLAVDI Epiſcopi
illius ciuitatis & Conſeſſoris. Hic poſt
diuturnum inter pontificium S. Taurino
primo Epiſcopo ſuccedens, nouellam hanc
Eccleſiam diris perſecutionum turbinibus
diſſipatam diuina fretus gratia recolligens
inſtaurauit: ſacriſque ædibus conſtru
ctis, ac idolorum fanis dirutis, Clero or
dinato, plebeque ſacris religionis diſcipli
nis egregiè inſtituta: cæleſtis patriæ amo
re incenſus, ut diuinis totum ſe daret obſe
ſequiis, ſupernarùmque rerum contempla
tioni liberiùs vacaret, ſponte Præſulatum
abdicauit. Itaque ſui in locum deſignato
Mauruſio Paſtore, cui oues ſuas ſeduli amo
re commendauit: in locum abditum a
gri Conſtantienſis non procul à mari
ſe recepit: ubi mapale extruxit c'eſt
à preſent le Chapelle de ſon nó c'y de

vant dire)palæstraq; initia religiosæ exer-
citationis corpus frugalissimotennissimoq;
victu vitæ duntaxat tuendæ caula susten-
tauit chameunis, vigilijsque & excubijs
assiduè vexauit, animam vero precando
medicando que sic excoluit, ornauit euexit
vt superis propinquum redderet diuinæ
conuersationis assimilatione, & haustu
perenni gratiarum. Cùmque annos non-
nullos illic sanctissimè exegisset, mentem
purissimamécorporis vinculis demùm pro
uotorum plenitudine expeditam ad beato-
rum sedes & societatè feliciter trãsmi-
sit, atque in decliui collis sepultus est,
vbi postea Monasteriù in eius venera-
tioné extructù fuit, quod postea diru-
tum per Barbarorum incursus, locota-
men & tumulo tanti Cœlitus diu
post perstitit memorandum.

Cela veut dire en François mot pour
mot, pour la consolation de ceux qui

n'entendent le Latin.

Le 31. Ianvier.

A Evreux en Normandie se celebre la Feste de S. Gaud Evesque de certe Ville & Confesseur. Ce Saint ayant succedé à S. Taurin premier Evesque du pais ensuite d'vne longue vacance de ce Siege, fortifié de la grace du Ciel, restablit certe nouvelle Eglise presq. aneantie par la frequence des persecutions, y abbatit les temples des faux Dieux, en edifia plusieurs au vray. Et apres avoir bien reglé son Clergé & instruit parfaitement son peuple dans la Religion Chrestienne, Par vn amour tout particulier de Dieu, pour se devoüer entierement à son service, & vacquer plus librement à la contemplation des choses Celestes, renonça volontairement à son Evesché. Ainsi ayant designé Mauru-

se pour son Successeur, auquel il avoit
recommandé son Troupeau avec vn
amour tout cordial, *Il se retira dans*
vn lieu caché du Diocese de Constances
prés la Mer: Où il bastit sa cellule,
(c'est à present ladite chapelle de son
nom) & commença d'entrer dans la
lice de la Vie Religieuse ; il ne nour-
rissoit son corps que pour l'epescher
de mourir, avec la derniere frugalité,
il le matoit sans cesse par ses veilles &
couchoit sur la terre Il cultiua & esle-
va tellement son esprit par ses prieres
& ses meditations, qu'il le rendit se-
blable à celuy des bien-heureux par
vne égalité de conuersation toute divine & celeste & par vne participa-
tiõ perpetuelle de graces. Enfin ayãt
vescu plusieurs années en ce S. lieu, il
y rendit heureusemét son ame a Dieu
comme auoit tant de fois souhaité Et

fut enterré sur le penchant de la colline,
ou depuis on a basti vn Monastere en
son honneur. & quoy qu'il aye esté
dans la suite des temps demoli par les
irruptions des Barbares. Ce lieu neantmoins a Tousiours esté for memo-
rable par le Tombeau & l'Habitation
d'vn si grand Saint.

ENcores à present depuis la solen-
nité de la Translation nonob-
stát la rigueur de l'hiuer & les pluyes
continuelles, l'Eglise est incessámét
pleine de personnes de condition qui
y viennent rendre leur vœux & faire
leurs deuotions, & de pelerins de
toutes parts mesme des Eveschez du
Mans & des plus escartez de Breta-
gne. Il s'y dit tous les jours plus de
quarante Messes, & le nombre des
Prestres du pais est trop petit pour satis faire aux devotions.

Toute la terre & le ciment qui en vi-
ronnoient & couvroient ce Tombeau
sont desia enlevez, mesme vne partie
de la pierre du cercueil, quoy qu'ex-
trememement dure, fut emportée d'vn
chacun par petis morceaux le iour
de cette Translation. On a descou-
vert vn avare paisant qui en vendit
pour quarante francs à plusieurs, que
la presse empescha d'en apporter. En
telle façon que ledit Seigneur Euesl-
que fut obligé d'y mettre des Prestres
pour le garder & defendre sous peine
d'excommunication de n'en pas rom-
pre davantage, afin qu'il restat quelque chose de ce precieux monument
à la posterité.

Autre Miracle de Saint Gaud,

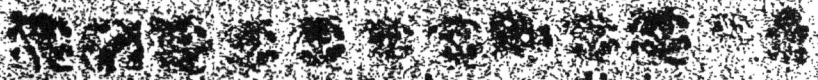

L'Humilité du bon Religieux cy-
apres nommé, avoit empesché

de mettre ce miracle dans son rang, mais ie fais scrupule l'obmettre entierement, puis qu'il y va de la gloire de Dieu & de son Saint.

Le Pere Caron Prestre & fort bon Predicateur du Convent des PP. Iacobins reformez fondez dans le Marquisat du Mesnilgarnier par feu Monsieur Morat au Diosece de Constances, tomba depuis l'invention de S. Gaud dans une fieure si violente, qu'il fut abandonné des Medecins & en parlerent à Constances comme d'un homme mort: Le Seigneur Evesque le cru tel sur leur rapport, & en regreta la perte comme vn de ses bons Ouvriers: Le Prieur de la Maison avoit desia preparé toutes ses lettres pour recommander le repos de son âme aux autres Conuents. Dans cet estar desesperé quelques persones

deuotes le voüerent à S Gaud : Et
au mesme temps il fut miraculeusement guery par vne crise toute extraordinaire contre l'attente des Medecins. Ce qui a esté pleinement attesté
& certifié.

*Observations seruantes à l'Histoire de
Saint Gaud*

AV bord de la Mer Oceane sur
vne petite colline à vn quart de
lieuë de Grandville celebre port de
Mer de l'Evesché de Constaces estoit
anciennement vn Temple des faux-
Dieux nommé Scilcy depuis changé
en Monastere, ou grand nombre de
Saints se sont retirez pour y mener
vne vie cachée en Iesus-Christ. On y
void encore les vestiges des vieux ba-
stimens reguliers & quantité de croix
& de petites cellules & Chapelles.

Ce lieu a depuis changé de nom &
pris celuy d'Abbaye de S. Pair à cause de ses miracles, (quoy que dans les
antiens pouliez on lise encore l'Abbaye & la Cure de Scislcy) & fut do-
né sous ce tiltre à celle du Mont S.
Michel par Richard Duc & Prince
des Normans, presens Robert Archevesque de Roüen & Robert Evesque
de Costances, qui est en virō l'an 1036.
Ego Richardus Dux & Princeps Nor-
manorū trado loco S. Archangeli Michaëlis sito in monte qui dicitur Tūba
Fratribusque ibidē Deo monasticé fa-
mulantibus Abbatiam, S. Paterni sitā
in pago constantino cū terris cultis &
incultis cum Ecclesis & molendinis cū
partis & syluis que terminantur ab orēt
te via publica tēdente Cōstantias à me
ridie fluuio nomine Thar, c'est la petite
riuiere qui passe à l'Abbaye de la Lu-

zerne à travers la mare ou lac de bouillon avant que d'entrer dans la Mer, & separe les Evefchez de Constances & Avranches,

S. Pair estoit Abbé de ce lieu, & ce fut là qu'il leut la vision des trois Evefques qui le confacroient, comme il se lit dans sa vie, Scifciaci in cellula visi funt ad eû imgredi sancti Epifcopi melanius, Leucianus) il faut lire Leoncianus, c'est l'Euefque de Constances qui l'auoit fait Prestre) & Leor, qui ad Dominum migrauerant, ipfumque ordinare Antistiré. Dans la mesme vie il mourut venant visiter les Moines de Scify, ses antiens Confreres, Fratres de Scifciaco, & y fut enterré par S. Lo Euefques de Constances en un mesme jour & un mesme Tombeau qui s'y void encores avec S. Scubilion Abbé qu'il avoit émené avec luy de Poictou

Dans le Manuel de Roüen composé
par feu Monseigneur l'Archeuesque
vn des plus sçauans Prelats de nostre
siecle. Il se lit au seizlesme Auril
S. *Paternus Episcopus & Scubilio eius*
Socius, qui childeberto primo Francorum
Rege floruere, moriuntur, & in Mona
sterio Sciaco sepeliuntur. Cela veut di
re, S. Pair Evesque & son côPagnon
S. Scubilion sont morts ce mesme
iour 16. Auril sous le regne de Chil-
debert premier, Roy de France, &
ont esté enterrez dans le Monastere
de Scisey.

Dans le mesme Manuel, au 16 Septembre, *Senerij Episcopi Abrincêsis*
& Confessoris, discipuli & Successoris
Sacti Paterni in Scilciaco Monasterio
En ce iour se fait la memoire de S. Senier Evesque d'Avranches & Confesseur, Disciple & Successeur de S. Pair

dans le Monastere de Soisy.

Dans le Breviaire de Roüen, Senatrieus, qui & Senator, post Paternū virum sanctissimū, abrincensem rexit Ecclesiā. In Sci ciaco Monasterio migrauit è vita, in cuius morte cæleste Angelorū cōcentum Monachi audierunt. Sepultus est ibidem iuxta Ss. Paterni & Scubilionis Corpora xIIII. Kal. Octo. Eius Corpus Rothomogū postea dilatū in Ecclesia majori honesto laco asseruatur, qui veut dire ; S. Senier, autrement S. Senateur fut Evesque d'Avranches apres le tres-grand Saint Pair. Il mourut dans le Monastere de Soiscy, & les Moines y entendirent à sa mort vn concert celeste des Anges il y fut enterré auprés des Corps de S. Pair & S. Scubilion le xIIII. des kalendes d'Octobre, Le sien depuis a esté levé & porté dans la Cathedrale

H

de Roüen, ou il est pretieusement
gardé.

Messieurs de S. Marthe dans leur
Gallia Christiana parlans de S. Pair &
S. Scubilion dans le Catalogue des
Evesques d'Auranches disent ; *Ante
Altare Ecclesiæ S. Paterni adhuc iacent*
Il est vray que leurs figures y sont en
bosse au milieu du Chœur sur vn mes-
me Tombeau, qui couvre leur deux
vrnes, & sur lequel on dit la Messe.

Dans le Breviaire de Constances au
28. Septembre, qui est vn des iours
de l'Octave de S. Lo Evesque du lieu ;
*S. Paternum Abrincensem Episcopum
simul cum S. Scubilione Presbitero &
Synmyæa eadé die sepeliuit loco suæ Diæ-
cesis prope Macropolim, qui eiusdem S.
Paterni nomine, patrocinio & miraculis
decoratur.* S. Lo enterra en vn mesme
    ur. S. Pair Evesque d'Avraches avec

S. Scubilion Prestre son côpagnon en
vn lieu de son Diocese prées Gradvil-
le, qui est illustre par le nom la pro-
tection & les miracles du mesme S.
Pair.

Au 23. Septembre, S. Scubilio mi-
rabiliter sepultus est, S. Laudo fune-
bres exequias peragere, in huius Dio-
celis Ecclesia, que nûc parochialis est
S. Paterni nomine insignita, vna cû eo-
dem S. Paterno. Vt qui in vita effctu
& orationum cômunione non fuerât
diuisi in morte quoque nô separêtur.
Eius vero celebrat hæc die memoriâ
Côstantiensis Ecclesia, qua pretiosum
eius corpus inuentû est in prefata basili
ca in quacû s. Paterno coruscat adhuc
miraculis & in cuius choro visitur. &
erecta est tûba duobus sanctis gemina
nullorum deinceps sepultur a perfossa.
S. Scubilion fut admirablement ense-

vely par S. Lo, qui fit ses obseques dás
vne Eglise paroissiale du Diocese de
Constāces nómée S Pair avec, lequel
il fut inhumé : afin qu'ils ne fussent
point divisez à la mort, apres auoir
vescu dans vne vnion d'affections &
communion de prieres.   L'Eglise de
Constances celebre sa memoire en ce
jour, auquel son precieux corps a esté
treuué dans cette Eglise , en laquelle
il fait encore beaucoup de miracles
aussi bien que S. Pair : & on y void,
dans le Chœur, (ou l'on n'enterre
plus personne à cause de la saincteté
du lieu) le Tombeau double de ces
deux Saints.

Et le 23. Octobre S. Paternus cum
dicto s. Scubilione vitæ abstractioris a-
mans, clàvenit cú Scubilione magrú.
Cóstantinum, vbi inuitus licet ab Leo.
tiono Epilcopo Cóstantiensi tertio ob-

condigna merita ordinatus est Diacnus & Presbyter, Tandémq; cum dicto s. scubilione honorificé sepultus est. S. Laudo in Cóstátiensi Dioecesi loco qui núc est illius nominis Ecclesia prope Macropolim. s. Pair pour se mieux cacher, vint de son monastere de Poitou avec S. Scubilion moine de la mesme Abbaye dans l'Evesché de Cóstances, où contre son gré & pour ses merites il fut ordonné Diacre & Prestre par Leontian Euesque, du lieu : Enfin fut enterré honorablement dans le mesme Diocese par s. Lo avec s. scubilion en vn lieu qui porte apresent son nom pres Grand ville.

Extraict de l'antien Manuscrit de s. Pair conforme à celuy d'Eureux.

Tempore illo quo Rex Henricus regnum Angliæ & Ducatum

Normaniæ ſtrenuè regebat qui fuit
filius Guillelmi, cui longus enſis co-
gnomen erat, qui primus de genere
Normanorum in Anglia regnavit,
Richardo de Bruere, in Pontificali
Cathedra Conſtantiarũ ſedente, Ab-
batiâ S. Michaëlis in periculo maris
propter deceſſum Richardi de More-
yo ſine Abbate (c'eſt en l'année 1131.
Richard mourut en cette année & en
lameſme Bernard luy ſuceda) fuit qui
dam ſacerdos nomine Galterius ſatis
religioſus in conſtantinopago in vil-
la quæ dicitur S. Paternus de ſuſtra
mare. Hic dum ſæpius parochianos
ſuos admoneret vt turim vel clocha-
rium facerent, &c.

Dum in lecto ſuo laceret vox ſubito
emiſſa de cælo fertur illi talia dixiſſe,
Galteri noli aliud quàm turim inci-
pere. Quo audito, &c. Eiuſdem vſ-

ro hebdomadæ nocte alia vox similis
ab ipso sacerdote audita est, dicens
Galteri, noli aliud quàm turrim inci-
pere. Ad quam ipse ait, vnde istam
faciam? Cui vox, Noli timere, the-
saurus enim est in Ecclesia auro &
argento pretiosior, &c.

Post ista, subito partem orientalem
quæ versus Septentrionem est, ador-
si: cum vnus ex operariis versus ori-
entem paululum extra illud quod
mensuratum erat foderet: Quoddam
sacrophagum cum ferramento suo ex
improviso perforauit, quod foramine
tantus fumus cum odore exiit, vt
cuncti in Monasterio assistentes cæ-
lesti odore se imbutos esse existima-
rent, aliique ad alios vix cernere
possent. Qua fama cuncti fere qui in
foro erant & qui in Curia S. Michae-
lis iuxta Monasterium placitabant,

commoti, ardenti desiderio illuc ac-
cedere properant. Advenerat tibi non
parua manus clericorum & laicorum,
quia sabbathum erat, & dies feria-
tus ob Translationem Benedicti.

Quarum primus Guillelmus Piclere
intra sarchophagum aspiciens & manus mittens (erat enim non paruæ ca-
pacitatis illud foramen) caput quoddam mortui hominis ex illo extraxit,
quod dum ambabus manibus à cun-
ctis aspici teneret, quid liquidum &
pellucidum veluti viuum argentum
vidit, & quod satis admirans, mul-
tis hoc hortantibus, in loco pristino
reposuit &c.

Post hæc accipiens candelam arden-
tem & intra sarcophagum, vt melius
quod infra latitabat cerneret, pro-
tendit: quod oculis vndique perscru-
tans, vidit ibi hominem mortuum ia-

cure à bracteo & cutem cum carne
adhuc habentem, &c.

Moxque ampliori lumine itus aspicientes sub capite iacentis lapidem
viderunt, que Rogerius aspiciens &c.
quid litere significarent haesitantibus, quidam Magister nomine Robertus de Abrincis mox assuit, qui
lapidem aspiciens & in aqua benedicta lavans, stansque in lumine vnius fenestrae iuxta altare S. Paterni,
quod in lapide sculptum erat enodavit, dicens; quid dubitatis, vt hae
literae vobis representant; HIC
REQVIESCIT BEATVS GAVDVS OLIM EPISCOPVS
EBROICENSIS. Quoud vt assistentes intellexerunt, veterum dicta
parentum ad memoriam reduxerunt,
esse inibi super humilem collem in
fine coematerij Monasterium subeius-

dem S. Gaudi nomine asserentium
Vbi sicuti à suis antecessoribus acce-
perant, vitam eremiticam duxerat,
postquam spontaneus Pontificalem
Ebroicarum Cathedram reliquit.

Postquam Clericus ista declaravit
sarcophago reintegrato, lapide ta-
men extra dimisso, *Les Antiens de la*
Paroisse disent par tradition que cette
Pierre a esté long temps attachée contre
la muraille de l'Eglise, & que c'st ce
qui a conserué la memoire que Saint Gaud
estoit là enterré, &c.

Nocte verò sequentis sabbathi,
cùm multi infirmi ad sepulchrum
S. Gaudi iam vigilarent, adfuit quæ-
dam mulier mater Ranulphi eiusdem
villæ Clerici, &c. *ce miracle est raporté*
cy-deuant tout au long.

Quod miraculum quia pervulgatum
est, turris fundamento paululum as-

surgente, cum duo sepulchra super
sarcophagum fabricarentur, vnum
parvum & alterum amplam cum fe-
nestulis *c'est ce qui a esté veu le iour de*
l'Inuention.

Dum fama miraculorum quæ Deus
creberrima ad sepulchrum Sanctissimi Gaudi meritis ipsus sæpius ope-
rebatur, longè latéque diuulgaretur,
& ex diuersis Provinciis infirmi illuc
concurrent: Cujusdem de monte
sancti Michaëlis vxor furiata, &c.
C'est le deuxiesme miracle aussi rapor te.

Perutesendis in Granduilla cujusdem vetu æ filia, Hugonis de sancto
Paterno famula, &c. *c'est le troisieme*
miracle.

Huiusrei testes sont Ranulph isuillæ
eiusdem tunc Manachis quiß ecclesiæ
quoddam ostium die illa reparare fa-
ciebat, Sacerdos arque cæmentarij

cum pluribus aliis qui ob eius causam ibi tunc advenerant.

Post hæc facta sunt & adhuc quotidie fiunt miracula innumerabilia ibi ad laudem & honorem prædicti sanctissimi Confessoris. Gaudi præstante Domino nostro Iesu Christo, cui honor & gloria in sæcula sæculorum Amen.

La Vie de S. Lo Evesque de Constances

LE vingt-vnième de Septembre à Constances Ville de la basse Normandie, S. Lo Evesque dudit lieu mourut. Il estoit François de nation, issu d'vne honneste Famille. Ses pere & mere estoient Chrestiens : il vivoit sous le Regne de Clovis I. mais

particulierement & plus long-temps
sous celuy de Chilbert son fils. Dés
les jeune ans il s'addonna à l'estude
des bonnes Lettres, se privant volontairement des petits plaisirs que ceux
de son aage ont accoustumé de prendre. Il arriva qu'ayant atteint l'aage
de douze ans, S. Possessor Evesque de
Constances vint à mourir. De façon
que comme l'on travailloit à l'esle-
ction d'vn Successeur, deux Prestres
de la Ville eurent vne reuelation diui-
ne, par laquelle il leur fut commandé
de nommer Evesque le jeune Lo. Cette election sébla d'autant plus estrange, que son aage de douze ans sébloit
l'en rendre incapable : neantmoins
comme l'on en alla porter nouvelles
au Roy, il dit que luy mesme aussi en
avoit eu revelatió, & ainsi par le con-
sentement du Clergé du Roy & du

peuple, il fut esleu Evesque. Il n'y
avoit que S. Godard Archevesque de
Rouen, qui s'y opposoit, à cause de
sa trop grande jeunesse. Mais il fut
contraint de ceder à la volonté de
Dieu, ainsi qu'il reconneut par vne
autre revelation divine : si bien qu'il
le consacra Evesque & Pasteur de l'E-
glise de Constances, qu'il gouverna
l'espace de quarante six ans, & mourut le vingt-vniéme iour de Septembre, aagé de 58. ans. Ses saintes
Reliques sont gardées à Rouen,
en grande reverence. Il est mis le
cinquiéme Evesque par Monsieur
Robert : bien qu'il croye qu'il doive
estre le dixiéme, & que ce fut ce Lo
assista aux deuxiéme & troisiéme
Conciles d'Orleans, aux années 336.
& 340.

Anagramme sur le Nom de l'Illustrissime & Reverendissime Evesque de Constance.

EVSTACHE DE LESSEVILLE.

LE CHATE VEILLE EN DIEV.

E Grand Ouurier des Cieux
qui d'un branfle immuable
Gouverne l'Univers Sage-
ment fans mouvoir,

Nous enuoye un Docteur d'admirable
Sçauoir,

Qui donne à fon Troupeau l'Aliment
veritable.

Aufsi deuotemint d'un Soin incom
parable,

Il'anime aux *Vertus* d'*Exemple* & de
Pouvoir,

Par serieux *Discours* aisez à conceuoir,

Et tasche de le rendre à *Dieu* plus agreable.

Comme l'*Astre* du iour qui purge les
vapeurs,

(Ce *Pasteur* vigilant) les *Ames* des
pecheurs,

Et les rend tout ainsi que la *Rose* ver-
mille.

L'*Esclat* de ses *Vertus* à chacun bien
conneu,

Fait lire dans son *Nom* LE CHASTE
VEILLE EN DIEV,

Heureux donc le *Troupeau* où LE CHA-
STE EN DIEV VEILLE.

FIN.

www.ingramcontent.com/pod-product-compliance
Lightning Source LLC
Chambersburg PA
CBHW071814090426
42737CB00012B/2079